CRITIQUE

DE

L'AVIS DES CINQ.

PARIS. — Imp. LACOUR et Comp., rue Soufflot, 16.

Ils sont jugés!

CRITIQUE

DE

L'AVIS DES CINQ

OU

RÉPLIQUE A LA CONSULTATION ORLÉANISTE

PAR

M. DE LESTANG, DE FOIX,

Avocat à la Cour d'appel de Paris.

SOMMAIRE.

Le pouvoir a violé ses lois. — Le mémoire de M. Bocher. — La maison d'Orléans doit une indemnité à l'État. — Nullité des ordonnances de Louis XVIII. — La dictature n'est pas la dictature. — Les barricades de carton. — Les vieux discours de M. Dupin. — L'orateur polype. — Le rapport de M. Berryer. — La consultation des Cinq. — L'Empire a conservé et appliqué le principe de réunion. — Messieurs, asseyez-vous. — Opinion du tribunal civil de la Seine sur le principe de dévolution. — Qu'est-ce que la fusion? — Apologue.

PARIS

CHEZ DENTU, LIBRAIRE-ÉDITEUR,

Palais-Royal,

ET CHEZ TOUS LES PRINCIPAUX LIBRAIRES.

1852

CRITIQUE

DE

L'AVIS DES CINQ.

Le pouvoir a violé ses lois.

La question des décrets du 22 janvier a fait un pas immense. Il n'y a plus qu'à choisir entre la justice et le parti pris. Tous les écrits qui ont paru, promptement enlevés par un public intelligent et avide, attestent non pas une curiosité futile et sans but, mais un noble et légitime désir de juger en connaissance de cause cette question d'ordre et d'intérêt public. Brochures, journaux, mémoires, consultations, défenses, protestations, tout a concouru à projeter la lumière sur ce grand débat, tout, et, chose étrange! les adversaires du décret, les défenseurs des princes d'Orléans doivent être spécialement remerciés d'avoir contribué pour la plus grande part à la conviction générale, c'est-à-dire, à la condamnation irrévocable de leur propre cause.

Les nombreuses et remarquables publications qui se sont succédé sur cette matière nous avaient fait renoncer à publier une seconde édition de la nôtre et même à reprendre la plume pour rentrer dans une discussion qui nous paraissait épuisée, bien qu'elle menaçât, comme on l'a déjà dit, d'enfanter des volumes. Mais un incident majeur s'est produit qui est, à nos yeux, la sanction la plus précieuse, la justification la plus complète du décret : nous voulons parler du mémoire et de la consultation destinés à le combattre.

Ces deux pièces capitales du procès, signées, l'une de M. Bocher, mandataire de la maison d'Orléans, l'autre de MM. de Vatimesnil, Berryer, Odilon Barrot, Dufaure et Paillet, ont été répandues par milliers avec la liberté la plus étendue, la plus illimitée. Nous allons d'abord dire notre pensée sur la portée morale de cet événement décisif.

Voilà un gouvernement issu de la dictature, appuyé sur la censure et l'état de siége, qui marche sans entraves, sans obstacles, sans opposition d'aucun genre, et trouverait, au besoin, dans ses huit millions de cartes blanches, la consécration même de l'arbitraire le plus absolu ! Voilà un pouvoir qui, par la nature des institutions transitoires dont il est entouré, pourrait, en même temps qu'il écarte les ennemis de l'ordre social, fermer la bouche à ses propres ennemis, surtout à ceux qu'il vient de frapper... Voilà, enfin, un dictateur, dictateur étrange, sorti du suffrage universel ! Voilà un despote populaire qui prend quelques douzaines de millions dans les coffres d'une royauté vaincue, pour en doter l'État ; oui, vraiment, il les prend, il les a pris... Et lorsque cette royauté crie au pillage, à la spoliation, l'étonnant despote l'appelle dans l'arène de la publicité, la provoque, et lui jette ce dictatorial défi : je prétends que ces millions appartiennent à l'État, et je le prouve. Vous prétendez qu'ils sont votre propriété ? Prouvez-le, défendez-vous et attaquez-moi !!!

On ne s'en est pas fait faute. L'arène s'est ouverte, et nous avons suivi avec un véritable intérêt toutes les phases de la lutte engagée, *sous diverses bannières*, par des combattants en renom, contre un acte du gouvernement, avec la permission du gouvernement.....

Il faut savoir dire les choses par leur nom ; en laissant publier cette consultation et ce mémoire, en autorisant certains journaux à critiquer le décret, le pouvoir a violé ses propres lois dans l'intérêt des princes d'Orléans. Car c'est violer la loi que d'en permettre la discussion.

Nous ne ferons pas de cette tolérance un sujet de reproche. Bien au contraire, nous manifesterons ici sans réserve des sentiments que nous sommes toujours heureux d'éprouver et de produire : Celui de notre reconnaissance comme citoyen, de notre admiration comme homme de cœur, et de notre profonde satisfaction comme juriste pour cette loyale conduite, pour ce généreux procédé qui est, à lui seul, peut-être, le plus formidable de tous les arguments, et qui répond par sa grandeur à toutes les calomnies.

Il est d'autant plus juste de faire honneur au chef de l'État de cette chevaleresque impartialité, que rien ne l'empêchait d'étouffer la discussion à son profit. Lorsque le décret a paru, tous les pouvoirs étaient réunis dans ses mains. Il était législateur; sa loi était *légale*, si nous pouvons parler ainsi, et le caractère exceptionnel de sa puissance l'autorisait à exclure toute polémique hostile, toute subtilité de langage qui pouvait être la négation de son droit, ou la respectueuse satire de ses actes.

Nous le répétons en toute assurance : en laissant discuter, attaquer, battre en brèche une loi de haut intérêt général, Napoléon a donné un grand exemple d'abnégation personnelle et de magnanime loyauté. Sans doute, les attaques dont le décret a été l'objet n'ont servi qu'à le raffermir sur sa base par leur phénoménale inanité. Qui sait ? Peut-être même l'entière liberté dont le pouvoir leur a laissé l'embarras a-t-elle été aussi un sarcasme à l'adresse de leur impuissance... Il importe peu ; c'est toujours un singulier dictateur que celui qui fait don à ses adversaires d'une licence qu'il n'eût pas trouvée lui-même sous la royauté constitutionnelle. Le danger des résultats n'en existe pas moins. La passion, la mauvaise foi, l'intérêt de parti, peuvent facilement abuser du sophisme, et tous les lecteurs n'ont pas le privilége de s'en garantir en le démasquant. Est-ce que les noms célèbres qui servent, en quelque sorte, de frontispice au mémoire, n'étaient pas suffisants pour enfanter la prévention ? Est-ce que les cinq illustrations judiciaires qui ont prêté l'autorité imposante de leur nom à ce volumineux plaidoyer orléaniste ne devaient pas infailliblement faire juger du contenu par l'étiquette?... Est-ce que le vulgaire, toujours superstitieux, n'est pas naturellement porté à embellir tous ses grands hommes de l'auréole des infaillibles ? Oui, quelle que soit la faiblesse de la défense, il est incontestable que le gouvernement, en lui accordant une aussi large hospitalité, s'est exposé gratuitement à compromettre ses intérêts politiques, pour échapper au chimérique reproche d'injustice et de spoliation. Nous comprenons la discussion dans une assemblée législative ou dans un conseil de ministres; mais la loi édictée, nous ne comprenons plus que le respect et la soumission.

Le gouvernement de juillet ne dédaignait pas cette jurisprudence, lui qui avait défendu, proscrit sous peine d'emprisonnement, jusqu'aux mots de légitimiste et de républicain, dont l'emploi pouvait être pris pour un témoignage factieux d'espérance ou de mécontentement. Le parti légitimiste, dont M. Berryer, signataire de la consultation, est un des champions les plus habiles et pourtant une des gloires les plus diversement discutées, le parti légitimiste lui-même, dont quelques organes offrent aujourd'hui à la dynastie d'Orléans la fiche de consolation de leurs condoléances, n'a-t-il pas proclamé naguère la même maxime en déclarant que son principe était indiscutable? Nous comprenons bien la différence qui existe entre les lois ordinaires et les lois fondamentales. Mais le respect absolu des unes et des autres prend sa source dans la même cause, et un gouvernement, une société quelconque, deviendraient impossibles si toutes leurs lois n'étaient pas à l'abri de la discussion.

Cette courtoisie gouvernementale suffit pour rectifier l'erreur dans laquelle sont tombés tous ceux qui ont attribué à cette mesure un caractère uniquement politique. Napoléon a permis qu'on discutât son décret, parce qu'il soulevait une question de droit, et qu'il se rattachait essentiellement à la justice avant de rien emprunter à la politique. Ce point important ne doit pas être perdu de vue. A ce sujet nous ferons hardiment notre profession de foi : si la réunion au domaine de l'État des biens qui furent l'objet de la donation du 7 août est tout simplement une mesure de prudence, nous la condamnons et nous déclarons que le but ne justifie pas le moyen. Ce n'est plus alors qu'une confiscation, et cette peine a disparu de nos codes parce qu'elle a disparu de nos mœurs. L'acte du 22 janvier fut un acte de gouvernement; soit. Mais cet acte, qui tranche une question de propriété, dit-on, a-t-il été consommé en vertu ou en violation des lois ? Toute la question est là.

Nous défendons le décret, non parce qu'il est utile, mais, avant tout, parce qu'il est juste. Telle est, quant à nous, la base que nous avons donnée à notre vif assentiment, et nous déclarons bien haut que nous eussions considéré comme un devoir d'honneur et de probité de revenir sur nos pas et de confesser notre erreur, si nos adversaires nous eussent convaincu ou seulement ébranlé.

Mais nous sommes à la fois heureux et affligé de le dire ; cette phase d'un débat, dont le public aura été le premier juge, a pleinement confirmé nos impressions premières, et il manquait à notre intime conviction le cachet indélébile que lui a imprimé une défense sans espoir, incroyable recueil de discours surannés, de faits imaginaires, de pensées nébuleuses et de maximes hérétiques.

Le Mémoire de M. Bocher.

Les aveux de la défense à laquelle nous venons répondre ont considérablement simplifié le débat. Il résulte, des pièces qui ont été produites, que la famille d'Orléans se reconnaît dépouillée, *en droit*, de tous les apanages qui furent concédés en sa faveur par Louis XIV, et rendus au duc d'Orléans par Louis XVIII. En fait, depuis 1848, en fut-elle complétement dessaisie ? Est-elle restée en possession de tout ou partie de cet apanage par la tolérance des gouvernements ultérieurs? Nous l'ignorons. C'était l'affaire de l'État et non la nôtre. La seule chose que nous tenions à constater, c'est que nous étions dans le vrai pour la question de droit relative à l'apanage, et que toutes les conditions dans lesquelles il fut concédé avaient disparu. Mais nous n'eussions jamais cru, par exemple, que cette maison possédât encore une aussi vaste fortune, abstraction faite de l'immense apanage qui en était la première source.

Ainsi donc, n'oublions pas ce point important de la question. M. Bocher, dans son mémoire, M. Berryer, dans son rapport, et les cinq avocats dans leur consultation, ont reconnu que, par le seul fait de l'avénement de Louis-Philippe, ses apanages durent, de plein droit, faire retour au domaine de l'État. Nous aurons à examiner plus tard si cette réversion non contestée n'est pas la reconnaissance formelle du vieux droit monarchique en vertu duquel elle s'opérait, et une conséquence identique du principe de dévolution des biens, que l'on s'efforce vainement de répudier. Mais il est une concession que nous ne ferons à personne; c'est celle de faire remonter l'accomplissement réel de cette réversion au 9 août 1830. Ici commence la longue série des erreurs que nous venons relever; et, dussions-nous abuser de la patience du lecteur, nous tâcherons de réunir en faisceau les principales objections des adversaires, pour les soumettre toutes au jugement sévère et impartial des gens de bien.

On lit le passage suivant à la troisième page du mémoire de M. Bocher :

« Ainsi, dès le 9 août 1830, la fortune de la « famille d'Orléans s'est trouvée diminuée *de toute « la valeur des produits de l'apanage.* C'est l'ou- « bli ou l'ignorance de ce fait qui a été l'origine « d'erreurs trop longtemps accréditées, sur la quo- « tité des revenus de cette auguste maison. »

A côté de cette affirmation positive, directe, catégorique, nous placerons l'art. 4 de la loi de 1832, ainsi conçu :

« Sont, en outre, réunis à la dotation immobi- « lière les biens de toute nature composant l'apa- « nage d'Orléans, constitué par les édits de 1661, « 1672 et 1692... »

C'est être bien mal inspiré que d'accuser les autres d'oubli ou d'ignorance, juste au moment où l'on encourt soi-même ce reproche. Comment M. Bocher, qui invoque si souvent la loi de 1832, a-t-il pu oublier ou ignorer que cette loi avait laissé tout l'apanage à Louis-Philippe à titre de dotation ? Comment, surtout, en l'oubliant ou en l'ignorant, a-t-il pu hasarder un pareil langage ? Non, la fortune de la famille d'Orléans *ne s'est pas trouvée diminuée de toute la valeur du produit de l'apanage,* puisqu'elle a continué d'encaisser ces produits pendant la longue période du 9 août 1830 au 24 février 1848 ; avec la seule différence qu'avant le 9 août elle le possédait à titre d'apanage, et qu'après son avénement elle le possédait à titre de dotation. La vérité est qu'elle fût toujours maintenue dans cette douce jouissance. Or, comme la valeur annuelle de ces produits s'élevait à 3 millions, c'est une légère erreur de 54 millions que commet M. Bocher, par ignorance ou distraction, dans l'intérêt de ses infortunés clients ; ils ont, pendant dix-huit ans de règne, non pas diminué, mais bien augmenté leur fortune de ces 3 millions de revenu, que la trop généreuse loi de 1832 attribuait d'une main à l'État, et rendait de l'autre à Louis-Philippe.

Pour nous faire une idée juste de l'exactitude historique sous le patronage de laquelle on a mis la défense des princes, prenons encore une autre citation, à la même page, au début du mémoire, et nous verrons M. Bocher commettre à chaque instant le délit d'altération ou d'erreur qu'il reproche à ses adversaires :

« Par suite de l'avénement de M. le duc d'Or-
« léans au trône, l'apanage tout entier, et sans en
« rien excepter, a fait retour à l'État, le 9 août
« 1830, conformément aux titres constitutifs de
« cet apanage, visés dans l'art. 4 de la loi du 2
« mars 1832. Le *seul droit* qui ait survécu à l'a-
« panage, en vertu de ces mêmes titres, est une
« indemnité à raison des accroissements qu'il au-
« rait reçus depuis qu'il avait été rendu au prince,
« jusqu'au moment où il était rentré dans le do-
« maine de l'État, et encore la loi de 1832 avait-
« elle disposé que l'indemnité ne serait exigible
« qu'à la fin du règne. »

Les premières lignes de ce passage, rapprochées de celui que nous avons cité plus haut, ne font-elles pas croire, en effet, que l'auguste maison a été irrévocablement dessaisie, et *sans en rien excepter*, de l'entier apanage qui aurait fait retour à l'État? Mais on s'est bien gardé, toujours par oubli, de faire observer que l'art. 4, qui convertissait l'apanage en dotation immobilière, rendait évidemment illusoire ce prétendu retour à l'État, puisqu'il maintenait par bécarre ce qu'on avait jusque-là possédé par bémol. De telle sorte que, pour manifester plus clairement son dédain de la tradition monarchique, la chambre puritaine de 1832 laissait à l'auguste monarque de son choix ses gros apanages et son vaste domaine privé, outre une liste passablement civile et ses interminables accessoires.

Maintenant parlons un peu de l'indemnité que le zélé mandataire réclame à raison des accroissements. Ce projet de carte à payer se base sur la seconde partie de l'art. 4 de la loi de 1832, conçu en ces termes :

« Dans le cas où il y aurait lieu à indemnité à « raison des accroissements faits à cet apanage, « depuis qu'il a été rendu à la maison d'Orléans

« jusqu'au moment où il a fait retour au domaine « de l'État, cette indemnité ne sera exigible qu'à « la fin du règne. »

D'après la teneur de cet article, on pouvait être amené à penser que l'indemnité pourrait porter sur l'apanage tout entier. Aussi un orateur de la chambre des pairs, M. le comte Roy, demanda-t-il une explication. Il ajouta que si des indemnités pouvaient être dues à l'apanagiste pour le cas d'accroissement, des indemnités pourraient aussi être dues à l'État pour le cas d'altération de ce même apanage.

Voici la réponse que fit M. Dupin, commissaire du gouvernement ; nous la copions dans le *Moniteur* de 1832, p. 594 :

« Je vais donner l'explication désirée, et la don« ner de la manière la plus directe et la plus pé« remptoire. La question d'indemnité ne peut pas « s'appliquer à tout l'apanage ; elle ne peut con« cerner que le Palais-Royal, non pas seulement « parce que j'ai l'honneur de le déclarer ici, car « ma parole ne serait pas assez puissante pour

« établir ou changer un droit ; mais parce que ce « droit est fondé sur les lettres-patentes de 1692, « les seules qui ont réservé un droit d'indemnité à « l'apanagiste. *Ce n'est que sur le Palais-Royal « que fut donnée la faculté de changer, d'em- « bellir, d'augmenter*, avec la permission EXOR- « BITANTE d'accorder des indemnités s'il y avait « des améliorations.

« Relativement à tous autres biens de l'apanage, « *il n'y a pas d'indemnité à réclamer* de la part « de l'apanagiste. »

Après cela, que M. Dupin et M. Bocher tâchent de se mettre d'accord.

Il est donc incontestable qu'il n'y a pas d'indemnité à réclamer pour tout le reste. Nous ajoutons qu'il n'y en a pas davantage à réclamer pour le Palais-Royal, et que si, par hasard, on insistait pour exiger celle-là, l'État n'aurait à répondre à cette audacieuse prétention que par une demande reconventionnelle qui porterait sur deux points principaux.

Premier point. — Lors de la discussion de la

liste civile, et notamment de l'art. 4, relatif à l'indemnité, M. Mauguin dénonça ce fait que personne, à la chambre, ne songea à contester, savoir : que, depuis 1814, on avait anticipé jusqu'à onze mille hectares de bois, et qu'on avait même coupé les hautes futaies. Selon l'inflexible orateur, la conséquence rigoureuse de ce fait avoué, accepté par les avocats de la liste civile, était que cette violation flagrante de tous les titres constitutifs des apanages devait nécessairement amener une action en indemnité contre les apanagistes, et il n'est pas un seul magistrat qui pût refuser de la consacrer. Nous savons bien que M. Dupin a dit quelque part qu'on en avait le droit; mais nous avons déjà réfuté cette erreur dans notre première brochure, et l'on verra au besoin comment cette question forestière sera décidée par les tribunaux.

Deuxième point. — Est-il bien vrai que la famille d'Orléans ait possédé *légitimement* ses apanages depuis 1814 jusqu'en 1825 ? Est-il bien vrai que Louis XVIII ait pu, soit en vertu des pouvoirs qu'il tenait de la victoire au 20 mai 1814, soit en vertu de ces mêmes pouvoirs qui n'existaient plus au 7 octobre de la même année, prendre plus de 100 millions à l'État pour les donner au premier venu, même à un prince ; en un mot, cet acte imprudent, impopulaire, anti-patriotique et illégal, fut-il un acte de dictature politique, une sorte de coup d'État, ou ne fut-il, tout simplement, qu'une coupable dilapidation ?

Ce qui rabaisse et discrédite le plus un écrivain, nous le disons ici à nos risques et périls, c'est sans contredit l'usage volontaire et prémédité du sophisme et de l'argutie. Nous serions très affligé pour notre compte, et profondément humilié, si nos faibles écrits présentaient quelques traces de ces peu honorables tendances. Avant d'émettre ici une opinion qui paraît hasardée au premier abord, mais sur laquelle nous appelons l'attention des jurisconsultes, nous nous sommes fait un devoir de la réfléchir, de la méditer en toute liberté de conscience, et nous venons la développer sans crainte, dussions-nous être accusé de rigorisme excessif ou de systématique antipathie.

D'abord quel était, en 1814, l'état de la législation? Nous allons poser à cet égard quelques jalons précieux, et prouver que la suppression des apanages était trop solidement enracinée dans les lois pour qu'elle ne fût pas depuis longtemps infiltrée dans les mœurs.

Lisons le décret du 21 décembre 1790.

« Art. 1er. — Il ne sera concédé à l'avenir aucun « apanage réel. Les fils puînés de France seront « élevés et entretenus aux dépens de la liste civile...

« Art. 2. — Toutes concessions d'apanages, an- « térieures à ce jour, sont et demeurent révoquées « par le présent décret, etc. »

Par cette même loi les apanages anciens furent remplacés par des rentes apanagères. Plus tard, survint la constitution de 1791. L'art. 8, sect. 3, chap. 2, tit. 3, de cette constitution, confirme encore cette mesure. Art. 8 : « Il ne sera accordé aux mem- « bres de la famille du roi aucun apanage réel. »

Enfin par décret du 25 septembre 1792, la Convention supprime, à compter de ce jour, les rentes apanagères elles-mêmes.

L'institution des apanages, déjà ébranlée par la loi de 1790, fut donc définitivement supprimée, dispersée par tous les monuments législatifs de cette époque de rénovation.

Quant à la fortune personnelle du duc d'Orléans en 1814, elle se composait des trois éléments suivants :

1° La banqueroute de son père et un déficit de plusieurs millions ;

2° Ses dettes personnelles contractées à l'étranger;

3° La succession de sa mère, provenant du duc de Penthièvre, succession qui, *en fait et en droit*, appartenait à l'État, puisqu'elle avait été confisquée par la révolution sur la tête de madame la duchesse d'Orléans, et que d'ailleurs, EN DROIT, les biens du duc de Penthièvre devaient faire retour à l'État par l'extinction de sa ligne masculine.

On le voit par cet exposé aussi succinct qu'exact, si le passif était splendide, l'actif ne l'était pas. C'est dans cette situation plus que modeste que la Restauration trouva le fils de Philippe-Égalité.

Parcourons successivement toutes les ordonnances qui rendirent à la maison d'Orléans tout son ancien éclat, toutes ses anciennes richesses.

ORDONNANCE DU 18 MAI 1814.

« Louis, etc., avons ordonné et ordonnons ce « qui suit : Le Palais-Royal et le parc de Mousseaux « seront rendus, avec leurs dépendances, à notre « très cher et très aimé cousin le duc d'Orléans. »

Voilà tout.

ORDONNANCE DU 20 MAI 1814.

« Louis, etc., avons ordonné et ordonnons ce « qui suit : Tous les biens appartenant à notre très « cher et bien aimé cousin, *qui n'ont pas été ven- « dus,* soit qu'ils soient régis par l'administration « de notre domaine, soit qu'ils soient employés à « des établissements publics, lui sont *restitués.* »

Il est de la dernière évidence que, jusque-là, il n'était pas question de l'apanage, puisque déjà réuni au domaine de l'État par les lois antérieures, il ne pouvait pas être considéré comme biens particuliers susceptibles d'*être vendus :* cette vérité ressort complétement d'elle-même, et surtout des termes de l'ordonnance postérieure du 7 octobre 1814, à laquelle nous arriverons tout à l'heure.

Mais malgré les deux premières ordonnances, le duc d'Orléans éprouva de très grandes difficultés à se faire remettre les titres de toute sorte qui concernaient les biens restitués. Il paraît que les différents dépositaires de ces titres se montraient récalcitrants et faisaient de sérieuses objections dont l'opiniâtreté força le duc d'Orléans à recourir encore à la souveraine volonté de son seigneur et maître. C'est ce qui résulte d'une nouvelle ordonnance généralement peu connue, à la date du 17 septembre, par laquelle Louis XVIII, interprétant ses intentions, donne l'ordre formel à ses administrations et à ses agents de cesser toute résistance et d'opérer, *sans délai*, la remise de tous les registres, inventaires, pièces, papiers, documents, titres et actes de famille relatifs aux biens qu'il avait rendus à son cousin. Cette injonction s'adressait nominativement *à la cour des comptes, aux administrations des domaines et forêts, aux agents et conservateurs des archives et autres dépôts publics existant tant à Paris que dans les différents départements du royaume.*

Procédons par ordre. Aux 18 et 20 mai 1814, le chef de la branche d'Orléans était rentré en possession :

1° Du Palais-Royal et du parc de Mousseaux;

2° De ceux de ses biens *qui n'avaient pas été vendus.* Tout l'apanage était réservé, puisque les ordonnances de mai étaient limitatives.

Ce ne fut que cinq mois après, au 7 octobre 1814, que parut la dernière et la plus importante de toutes, l'ordonnance par laquelle Louis XVIII, généralisant ses libéralités, déclarait rendre à son cousin le duc d'Orléans tous les biens dont son père avait joui, A QUELQUE TITRE QUE CE FUT.

De cette époque seulement date la restitution de l'apanage, et l'ordonnance du 7 octobre fut évidemment destinée à servir de complément aux autres qui, en spécifiant ce qu'elles donnaient, excluaient nécessairement ce qu'elles ne spécifiaient pas.

Mais, dans l'intervalle du 20 mai au 7 octobre 1814, il s'était passé bien des choses qui devaient changer la nature, le caractère des actes de ces deux époques.

Déjà Louis XVIII avait convoqué, pour le 31 mai, le sénat et le corps législatif; mais, le 30 mai, le monarque prorogeait cette convocation au 4 juin. Nous trouvons dans la collection des lois de Duvergier le document suivant :

« Au château des Tuileries, le 30 mai 1814,
« Louis, par la grâce de Dieu, etc... avons or-
« donné et ordonnons ce qui suit :

« La convocation du corps législatif, ordonnée
« par nous au 31 du présent mois de mai, est re-
« mise au quatrième jour du mois de juin de la
« présente année. Donné à Paris, le 30 mai 1814.

« *Signé* : LOUIS. »

De telle sorte que, pendant le mois de juin, le gouvernement normal fut organisé d'une manière définitive et fut substitué à la dictature provisoire du roi. Dans le courant de ce mois, la Charte constitutionnelle fut promulguée, les corps législatifs furent constitués, et dans la séance du 27, recueillie par le *Moniteur* du 28, le président de la chambre des députés proposa la résolution suivante :

« L'art. 10 de votre règlement porte que, lors-
« que la chambre des députés est définitivement con-
« stituée, elle doit le faire connaître au roi et à la
« chambre des pairs. Comme la chambre *vient*
« *d'être constituée définitivement,* je lui propose
« de résoudre qu'il en sera, par un message, donné
« de suite connaissance à Sa Majesté et à la cham-
« bre des pairs. »

Suit au *Moniteur* le règlement de la chambre, en 94 articles.

Ainsi, promulgation de la Charte, constitution des pouvoirs publics, organisation d'un gouvernement régulier ; tout cela existait déjà au mois de juin 1814, et avait, à plus forte raison, remplacé, au mois d'octobre, le pouvoir exceptionnel de Louis XVIII.

Maintenant que nous sommes parfaitement fixés sur les faits, déduisons les conséquences.

Lorsque le chef des Bourbons rendit les deux premières ordonnances, il était investi d'un pouvoir absolu. Mais si ce pouvoir n'existait plus au 7 octobre, avait-il le droit de rendre la troisième et d'attribuer à son cousin 3 millions de revenu sur les propriétés de l'État, sans consulter les corps législatifs? Nous répondons hardiment, et pièces en main, non. M. Dupin lui-même, sans s'en douter, sera notre caution.

Dans son *Traité des Apanages* il dit, en parlant des ordonnances de 1814 et confondant leurs dates, qu'à l'époque où elles furent rendues, *la Charte n'était pas encore portée*, que le roi réunissait tous les pouvoirs dans ses mains, et qu'enfin, tous les actes faits par lui, *avant la promulgation de la Charte*, étaient inattaquables.

Donc, les actes faits par le roi, seul, sans le concours des grands pouvoirs de l'État, *après la promulgation de la Charte* et la constitution de ces pouvoirs, étaient nuls? Eh bien! nous venons de prouver que telles furent les circonstances et les conditions dans lesquelles l'apanage d'Orléans fut rendu à ses anciens titulaires.

« Enfin, dit M. Dupin, en admettant que les « ordonnances de remise, au profit de M. le duc « d'Orléans, *aient eu absolument besoin d'être « confirmées par une loi*, nous disons qu'elles « auraient été effectivement confirmées par les lois « intervenues depuis. »

Un instant. Si Louis XVIII a rendu tous ses biens à son cousin en vertu de pouvoirs légitimes et incontestables, il n'était pas besoin de faire intervenir, de provoquer, plus de dix ans après, une loi spéciale pour les confirmer.

Mais la loi du 15 janvier 1825, y compris les discussions, les oppositions et les quolibets dont elle fut l'objet, était la preuve écrite que les ordonnances de 1814 ne pouvaient avoir transmis que des droits équivoques et sujets à contestation. Cette loi, dont le but était de *régulariser* la position du duc d'Orléans, reconnaît que ses titres étaient insuffisants, et qu'elle seule pouvait corriger leur illégalité. Mais si les ordonnances qui avaient créé ces titres *avaient absolument besoin d'être confirmées par une loi*, elles étaient nulles à l'époque où elles furent rendues, et d'autant plus nulles, qu'au 7 octobre 1814 la chambre des députés et la chambre des pairs partageaient avec le roi la puissance législative. Pourquoi ne jugea-t-on pas à propos de les saisir de la question ? Pourquoi cette loi ne leur fut-elle *demandée* que onze ans après ? C'est que 1814 était encore trop près de 93, et que le frère de Louis XVI n'eût pas trouvé alors une seule voix complaisante pour enrichir, aux dépens de l'État, le fils du régicide....

En édictant l'ordonnance du 7 octobre, Louis XVIII agit-il comme dictateur ? Non, puisque les grands corps de l'État étaient déjà organisés, et que le gouvernement constitutionnel, depuis plus de cinq mois, avait remplacé la dictature.

Agit-il en législateur ? Non, car la Charte promulguée le 4 juin portait, art. 15 : « La puis« sance législative s'exerce collectivement par le

« roi, la chambre des pairs et la chambre des dé-
« putés des départements. »

Agit-il en magistrat jugeant une question civile? Non, car l'art. 57 de la Charte, organisant l'ordre judiciaire, déclarait : « Toute justice émane du roi; « elle s'administrera en son nom par des juges qu'il « nomme et qu'il institue. »

Comment donc! Ni dictateur, ni législateur, ni juge! Mais où était, dès lors, le droit qui pouvait justifier l'ordonnance? En vertu de quoi fut-elle portée? Sur quoi s'appuya-t-elle, et dans quoi puisa-t-elle son principe? Dans l'abus du bon plaisir.

Nous croyons devoir signaler ici la confusion trop facile, qui a été déjà faite, des ordonnances de 1814 et de leurs dates, par la plupart des publicistes qui ont écrit soit pour, soit contre les décrets du 22 janvier. L'honorable M. Granier de Cassagnac, notamment, dans un article fort remarquable d'ailleurs, publié par le *Constitutionnel* du 17 mars, disait : « *Au mois de mai* 1814, « Louis XVIII, ramené en France par les chances « de la guerre, et investi par la victoire des alliés de

« toutes les prérogatives de la dictature politique, « rendit à la maison d'Orléans la plus grande par- « tie de ses anciennes possessions, sans distinction « d'origine..... » Nous venons de voir que c'est là une erreur, et que, lorsque le roi rendit à son cousin les biens que son père avait possédés A QUELQUE TITRE QUE CE FUT, *la dictature avait cessé.* Ce qui est bien différent.

Nous prendrons encore la liberté de combattre les appréciations suivantes du même écrivain sur la nature du pouvoir absolu :

« La dictature est la dictature, et elle ne se scinde « pas. Louis XVIII qui avait le droit de faire la « Charte, avait le droit bien moindre de prendre « 100 millions au Trésor, et de les donner au duc « d'Orléans..... »

Non, la dictature n'est pas la dictature. Elle ne conserve son caractère grandiose, imposant, terrible, qu'à la condition d'avoir l'ordre public pour base et le salut social pour but ; hors de là, nous le disons encore, la dictature n'est plus la dictature; elle n'est que le honteux abus d'une puissance funeste qui se trivialise et se ravale ; elle n'est plus, en un mot, que l'orgie du bon plaisir.

Cromwell faisant tomber la tête de Charles Ier, et substituant son protectorat à la royauté des Stuarts ; Cromwell chassant le Parlement, et plaçant cet écriteau sur la porte : *Chambre à louer*, faisait acte de dictateur.

Bonaparte, à son retour d'Égypte, accomplissant le 18 brumaire, en faisant irruption au conseil des Cinq-Cents à la tête de ses grenadiers, faisait acte de dictateur.

Louis-Napoléon, détruisant le pouvoir parlementaire et demandant au peuple le droit de renouveler sa Constitution, a fait acte de dictateur.

Mais l'empereur Néron, par exemple, savourant le supplice de ses esclaves, ou faisant mettre le feu aux quatre coins de Rome, pour se faire une idée de l'embrasement de Troie, se comportait en monstrueux scélérat et non pas en dictateur.

Néron et Robespierre étaient l'un et l'autre des buveurs de sang ; mais, en versant le sang, Robespierre était dictateur, et Néron ne l'était pas. Pourquoi ? C'est que l'un procédait du fanatisme politique, tandis que l'autre agissait sans but, sous l'impulsion de sa bestiale férocité. L'un invoquait le salut public, l'autre n'invoquait rien du tout. Celui-ci se vautrait dans les saturnales de la débauche ; celui-là, au contraire, affectait la vertu des Spartiates et une simplicité patriarcale...

Eh bien ! ce que nous disons de ceux qui versent le sang des hommes doit s'appliquer à ceux qui prodiguent la sueur des peuples. Louis XVIII dépouillant l'État pour enrichir fastueusement un prince ruiné, Louis XVIII s'emparant des biens que l'État avait rachetés de ses propres deniers aux créanciers de Philippe-Égalité, le roi constitutionnel faisant un don de 100 millions au duc d'Orléans son cousin, n'agissait ni en dictateur, ni en homme d'État, pas même en homme de parti, car cette générosité, *qui ne lui coûtait rien,* excita les plus vives répugnances, et provoqua les plus justes mécontentements au sein du parti royaliste. Qu'était-ce donc que cette prétendue restitution? Nous avons peine à le dire, mais il le faut : comme chef de dynastie, ce fut une grande faute que sa famille expie encore; comme chef de l'État, ce fut une coupable dilapidation, un criminel détournement; nous l'avons déjà dit : ce fut l'orgie du bon plaisir.....

Une chose ne peut être à la fois légitime et illégale. Pourquoi donc M. Granier de Cassagnac établit-il ce parallèle entre les ordonnances de 1814 et le décret du 22 janvier : EN DÉPOUILLANT LE TRÉSOR, LOUIS XVIII AGISSAIT CONTRE LES LOIS ; tandis que Louis-Napoléon, en faisant prévaloir les droits du Trésor, N'A FAIT QU'AGIR CONFORMÉMENT AUX LOIS.

Nous ne disons pas autre chose, nous ajoutons seulement que nul ne peut être admis à plaider *la légitimité* d'une spoliation consommée contre les lois; ce serait mettre injustement sur la même ligne celui qui viola les lois pour spolier l'État et celui qui s'y est conformé pour l'enrichir. La justice et la morale ne peuvent pas s'accommoder de pareilles anomalies.

Nous croyons qu'en *légitimant* les ordonnances de 1814, M. Granier de Cassagnac a cédé à un sentiment des plus honorables, auquel nous applaudissons nous-même, *comme sentiment.* Mais nous dirons à notre tour : La justice est la justice, et le droit ne se scinde pas. Ces ordonnances, qui recommencèrent l'œuvre de Louis XIV, furent infiniment plus illégales que celles de 1830, car celles-ci trouvaient leur sanction ou leur prétexte dans la Charte, tandis que les autres puisèrent leur source dans le caprice du roi. Imprudence fatale qui devait porter de si funestes fruits !

Si la famille d'Orléans doit une indemnité pour les onze mille hectares de bois et de futaies qu'elle avait déjà indûment coupés en 1832 ; si elle en doit une encore pour la jouissance illégale de son apanage pendant onze années consécutives, de 1814 à 1825, ce qui la rendrait débitrice de plus de 40 millions, dans l'intérêt de l'État nous appelons de tous nos vœux le jour où il plaira aux princes d'Orléans de diriger contre lui une action en indemnité.

Les Barricades de carton.

Ce qui arrive de plus fréquent à ceux qui plaident une mauvaise cause, c'est de se blesser eux-mêmes avec leurs propres arguments. Nous n'entreprendrons pas de découvrir toutes les blessures de ce genre que se sont faites les adversaires. Nous nous bornerons à signaler les plus apparentes, et à relever leurs principales objections, vraies barricades de carton que des hommes de droit ont élevées contre le droit; croisade panachée de légitimisme et de révolution, de fleurs de lis et de coq gaulois, sournoisement déguisée sous le manteau de Thémis.

Revenons à M. Bocher; cet habile, mais malheureux argumentateur, cet agent infatigable qu'on n'accusera certes pas de négligence et d'apathie , en voulant trop prouver a réellement prouvé beaucoup trop ; ce qui est fort rare. Il va nous apprendre à quel titre fut constitué l'apanage d'Orléans, bien que personne ne l'ignore, et ce titre une fois fixé pour en déterminer les droits, il faudra bien qu'il en accepte les limites pour en déduire les devoirs. Écoutons :

« Personne n'ignore quelle fut l'origine ni « quelle était la nature de l'apanage d'Orléans. Ce « n'est point *à titre gratuit* qu'il avait été constitué au chef de cette branche, alors mineur, par « l'édit de mars 1661, mais bien *à titre successif*, « pour lui tenir lieu de sa part héréditaire dans la « succession de Louis XIII son père et d'Anne « d'Autriche sa mère. Cet apanage représentait LA « LÉGITIME de la branche d'Orléans; il formait le « prix de la RENONCIATION en faveur du frère aîné, « Louis XIV, aux domaines, terres, seigneuries, etc., *échus par le trépas de feu leur dit* « *seigneur et père*. Par là, comme le disaient les « lettres-patentes, le vœu de la nature a été rempli, ET LA ROYAUTÉ A ACQUITTÉ SES OBLIGATIONS. »

Il est au moins étrange que M. Bocher fasse figurer dans son mémoire des citations que nous avons déjà invoquées nous-même, parce qu'elles accusent directement l'usurpation de la branche cadette. L'édit de 1661, qui limitait les droits de Philippe de France et de ses descendants, est l'arme la plus redoutable que nous puissions leur opposer, et voilà nos adversaires qui s'en emparent sans savoir ce qu'ils vont en faire !

C'est à titre *successif* que fut apanagée la branche d'Orléans? Cet apanage formait le prix de la renonciation de l'un au profit de l'autre? Mais nous nous gardons bien de contester ce fait historique, et nous avons été les premiers à l'exhumer pour en faire la base d'une condamnation. De quoi donc se composait la succession de Louis XIII? De la couronne et de ses priviléges, réservée à l'aîné, des domaines, palais, meubles, joyaux et richesses de toutes sortes qui en étaient l'indispensable cortége. Et les puînés, quelle était leur part ? On y pourvoyait au moyen des apanages, et nous voyons par l'édit de 1661 que l'apanage consenti par Louis XIV à son frère était, à cause de sa vive affection, bien plus étendu que ceux qui avaient été constitués par ses prédécesseurs.

Jusque-là nous sommes tous d'accord. Chacun a sa portion, tout le monde est content ; *le vœu de la nature a été rempli*, et la royauté est allée *bien au-delà de ses obligations*.

Mais nous disons à M. Bocher : vos augustes clients sont-ils restés dans les limites et dans les termes de leurs droits? Non, puisqu'ils ont porté la main sur la part héréditaire qui leur était interdite, *la couronne ;* et plus on évoquera le souvenir de leurs *titres successifs*, plus on rappellera aussi la violation dont ces titres furent l'objet. Louis XIV aurait-il eu le droit de supprimer l'apanage d'Orléans, après l'avoir créé? Non, c'eût été usurper la part héréditaire de son frère. Philippe de France aurait-il eu le droit de détrôner Louis XIV? Non, c'eût été briser la loi monarchique et déchirer son *titre successif*. Eh bien ! les princes d'Orléans ont succédé aux droits de Philippe de France, et ce que leur ancêtre n'aurait pas pu faire en 1661, ils ne pouvaient pas le faire en 1830. M. Bocher a donc condamné, sans le vouloir, la cause qu'il soutient, et la suite nous apprendra qu'il n'a pas été le seul.

Un dernier mot sur le mémoire. Nous y lisons page 9 : « Ce qu'il y a de certain, c'est que la do-« nation du 7 août constatait la volonté bien arrêtée « de M. le duc d'Orléans de conserver à ses en-« fants le patrimoine héréditaire qu'il tenait lui-« même de ses ancêtres, et que dans cette condi-« tion qu'il mettait, qu'il avait le droit de mettre « à son acceptation, il n'y avait rien qui dût *sou-« lever la conscience publique*, comme le dit un « des considérants du décret. »

La première partie de la proposition est incontestable. C'est même une vérité dont M. de la Palisse eût été jaloux. Il est évident que l'acte par lequel Louis-Philippe donnait ses biens à ses enfants constatait la volonté bien arrêtée de conserver ces biens à ses enfants. Mais ce n'est pas cette volonté qui est contestée. Nous nous hasardons seulement à risquer cette timide maxime : que la volonté ne suffit pas pour constituer un droit. S'il en était autrement, on conçoit l'extension pittoresque dont bien des gens embelliraient la théorie contraire.

Quant à la condition prétendue qu'aurait renfermée la donation, et qu'on aurait imposée avant d'*accepter* le trône, nous commençons par affirmer positivement qu'elle n'a jamais existé que dans l'imagination des adversaires, nous réservant de le prouver plus tard, lorsque nous aborderons la consultation des cinq jurisconsultes qui ont reproduit à peu près les arguments de M. Bocher.

Les vieux discours de M. Dupin.

Le livre que l'on a répandu dans l'intérêt de la maison d'Orléans se compose d'éléments très agréablement variés. Mémoires, textes de loi, friperies parlementaires, décrets, consultation, tout cela fait un volume de 173 pages, dont les nombreuses matières ont eu, du moins, l'esprit d'esquiver le lourd marteau du timbre. L'idée nous a paru ingénieuse au point de vue de l'économie; puisse notre système invariable de concision ne pas nous empêcher d'obtenir nous-même cet avantage. Car nous ne voulons pas dissimuler notre aversion pour le monstre vorace de la rue de la Paix.

La discussion de la liste civile en 1832 fournit à M. Dupin l'occasion de magnifiques triomphes oratoires. Il s'agissait de démolir le grand principe de dévolution, et l'intrépide avocat de la nouvelle royauté se voua corps et âme à ce grand œuvre, avec un dévoûment qui lui fit accomplir de véritables tours de force. Dieu nous préserve, et le lecteur aussi, de suivre l'orateur orléaniste dans toutes ses lointaines pérégrinations. Le Moniteur a conservé *in extenso* ces improvisations immenses que nous avons, nous, dévorées d'un bout à l'autre, et dont les défenseurs n'ont reproduit qu'une faible partie, en 28 modestes pages !! Nous nous efforcerons seulement de saisir une pensée, une seule, dans ce chaos scientifique, dans cet éboulement de tribune où l'orateur ensevelit la question.

Quel était le sujet qu'avait choisi M. Dupin? le même que nos adversaires chantent sur tous les tons, taillent à facettes, brodent à outrance depuis le décret du 22 janvier. Ce sujet le voici : *Le principe de dévolution des biens du prince à la couronne, est un principe féodal qui ne peut s'appliquer à la monarchie de* 1830. Et le voilà qui s'enfonce et disparaît dans les ténèbres féodales, va, vient, croise, retourne, s'élance, fait le crochet, s'arrête, écoute et repart comme un vieux cerf expérimenté qui cherche à donner le change. Aussi, fallait-il voir la majorité enthousiaste s'écrier à l'aspect de ces savantes évolutions : *Très bien! très bien!*

Quant à nous, faut-il le dire? cette lecture nous a d'abord profondément humilié ; car notre faible intelligence n'y a compris rien du tout ; pas plus qu'aux hiéroglyphes de l'Obélisque.

Veut-on savoir pourquoi Louis-Philippe ne devait pas rapporter ses biens à la couronne? parce que Hugues Capet était, dans son temps, le premier souverain fieffeux de son royaume!! Parce qu'à cette époque la couronne de France était gouvernée comme un vaste fief!! parce que le roi faisait corps avec ses fiefs!! et qu'en apportant tous ses fiefs à la couronne, la couronne devenait dans ses mains un seul et même fief! en un mot, parce que c'était l'usage des fiefs!! *stupete omnes!!!* voilà ce qui s'appelle un pathos fieffé...

Nous comprenons très bien qu'en 1832, devant

une assemblée dynastique convaincue d'avance, d'aussi incroyables aberrations aient fait fortune. Mais aujourd'hui, c'est afficher une bien grande misère que de s'abriter dans ces monuments en ruine. Et pour qu'on ne nous accuse pas d'avoir exagéré, faussé ou dénaturé nos citations, nous croyons indispensable d'avoir recours au texte. Résignons-nous et copions :

« Messieurs, Hugues Capet n'a point fondé de « système ; il était lui-même le résultat du système « dont j'ai parlé, il n'était qu'un de ces seigneurs « de l'empire, qu'un descendant de ces anciens ca- « pitaines qui, ayant de grands domaines avec une « puissance politique attachée à leur possession, se « sentirent assez forts pour mépriser la race de Char- « lemagne, qui d'ailleurs avait bien mérité son sort, « puisqu'elle s'était alliée avec l'étranger, et avait « cessé d'être française. Hugues Capet fut choisi par « les autres seigneurs pour consacrer le système de « la spoliation ancienne ; pour que chacun, sous « son règne, étant précisément dans la même po- « sition que lui, demeurât possesseur héréditaire

« et irrévocable de son fief, et de la portion de la « puissance publique qui y était attachée. Ils ne « voulurent le reconnaître comme souverain qu'à « la condition qu'ils seraient eux-mêmes de petits « rois particuliers, et que chacun aurait dans ses « terres, droit de justice, droit de guerre privée, « lui rendant à peine quelques restes de foi et hom- « mage, avec l'obligation de le suivre à la guerre « lorsqu'elle aurait un caractère général, et seu- « lement pendant un temps donné.

« Vous voyez que ce n'est pas là une fondation « de Hugues Capet, mais l'usage des fiefs.

« Tous les historiens vous disent qu'à cette épo- « que la couronne de France était gouvernée, non « pas par un droit public résultant d'une constitu- « tion écrite, placé sous la protection d'assem- « blées délibérantes, mais comme un vaste fief. « Vous concevez très bien alors que Hugues Capet, « arrivant à la couronne, y venait avec ses do- « maines, avec ses fiefs, avant tout comme sei- « gneur féodal. Il était duc de France, duc de « l'endroit qui était alors le plus central; il fut

« choisi par ses compagnons, et l'assemblée, du « reste, fut influencée par un poste de six cents « hommes qui n'était pas bien éloigné, à ce que « disent les historiens.

« Voilà donc le principe de la réunion des do- « maines du roi à la couronne. La couronne était « le premier des fiefs, car tous les autres fiefs en « relevaient : le roi était le premier souverain fief- « feux de son royaume ; tout le monde relevait de « lui, et, par cette raison, il ne relevait de per- « sonne, et, suivant le langage de nos pères, il ne « relevait que de Dieu et de son épée. Il ne relevait « que de Dieu, et c'est de là que plus tard on a « voulu faire dériver un *droit divin* dont on a es- « sayé d'abuser au profit du despotisme ; tandis « que du temps de nos aïeux, quand tous les autres « rois baisaient la mule du pape, cette formule « n'exprimait que l'indépendance du roi de France « vis-à-vis du Souverain-Pontife ; vis-à-vis de tous « autres, le roi de France ne relevait que de son « épée, surtout quand il savait s'en servir.

« Le principe de la réunion et de la dévolution

« est donc uniquement un principe féodal. C'est
« parce que le roi faisait corps avec ses fiefs, parce
« qu'il ne se séparait pas de sa terre, pas plus
« que les hommes qui étaient attachés à sa glèbe,
« qu'en venant à la couronne il y apportait ses ter-
« res, ses châteaux, ce qui s'identifiait avec la cou-
« ronne devenue dans sa main un seul et même
« fief. . . . . »

« Il n'est donc pas inutile, *pour défavoriser le*
« *principe de la dévolution* des biens privés du
« roi à la couronne, d'avoir montré que ce prin-
« cipe n'est autre chose que le principe féodal mis
« en action; et le principe qu'on a appelé inaliéna-
« bilité n'est encore que le principe féodal; car,
« de même que le seigneur d'un fief ne pouvait le
« démembrer, de même le roi ne pouvait démem-
« brer la couronne de France, qui, entre ses mains,
« était un fief qu'il devait transmettre intact à ceux
« qui venaient après lui. . . . .

« Ce n'est pas là, comme vous le voyez, une fon-
« dation de Hugues Capet; c'était l'usage des fiefs,
« qui ensuite devint une maxime d'État, parce

« qu'il fut très utile aux rois. Précisément parce « qu'il était sorti du sein de la féodalité, ils cher- « chèrent à en tourner les maximes à leur profit, « jusqu'à ce qu'ils fussent assez forts pour la dé- « truire » (pag. 36 et suiv.).

Reposons-nous ici, car il y a de quoi suer. Qu'est-ce que tout cela veut dire, nous le demandons ?

Ce rebutant fatras mythologique ne rappelle-t-il pas les humeurs peccantes et la burlesque érudition du médecin malgré lui? Quelle conclusion peut-on en tirer, si ce n'est celle-ci : *Voilà pourquoi votre fille est muette !...* Que nous importe que les rois féodaux aient rapporté leurs biens à titre de fiefs, ou que les rois modernes aient rapporté les leurs à titre de propriété? c'est une querelle de mots inventée, comme le dit M. Dupin lui-même, *pour défavoriser* le grand principe de dévolution, et victorieusement refutée, quoi qu'il en pense, par les orateurs qui l'ont combattu.

M. Mauguin, que l'on vit, à cette occasion, si souvent sur la brèche, rectifia l'histoire en réhabilitant le principe, et commença son discours en adressant à son savant collègue cette confraternelle correction :

« L'orateur qui descend de cette tribune (M. Du-
« pin) a été tout-à-fait à côté de l'histoire... (ah ! ah !)
« il n'est pas exact de chercher dans le droit féodal
« l'origine du principe de dévolution ; il en avait
« une *beaucoup plus élevée*, il tenait aux principes
« qui ont toujours dirigé la politique de la maison
« de France. Ces principes, c'était l'accroissement
« de l'État et de la monarchie. Chaque prince ap-
« portait ses biens à la couronne, et c'est par la
« réunion ainsi effectuée à chaque avénement que
« la France est devenue un État puissant. Ce sont
« les rois de France qui, tous et successivement, ont
« réuni à la couronne les grands fiefs de l'État, et
« cette réunion a eu lieu précisément par suite du
« principe de dévolution...

« Ce principe avait pour motif l'utilité de la
« France, la grandeur du royaume, et, c'est, en
« effet, à ce principe que nous devons l'état où la
« France se trouve aujourd'hui. »

Tout le monde comprend cela, mais personne ne comprendra le reste.

M. le général Bertrand envisageait aussi la question au même point de vue :

« Distinguer le domaine privé du domaine de la « couronne ne me paraît pas conforme aux princi- « pes d'une sage politique. Les ancêtres de Louis- « Philippe, et notamment *l'illustre chef de sa race*, « pensèrent ainsi. Législateur et guerrier, il fonda « la dynastie sur des institutions remarquables par « leur sagesse. En arrivant au trône, Hugues Capet « fit don à l'État des immenses propriétés de sa fa- « mille ; il ne voulut point conserver des intérêts « séparés de ce peuple qui l'avait reconnu pour roi. »

A la bonne heure. Tout cela est clair, tout cela est facilement saisi, parce que c'est conforme au bon sens, à la raison et à la vérité historique. Mais veut-on savoir pourquoi M. Dupin est allé ainsi, qu'on nous permette l'expression, chercher midi à quatorze heures? M. Merlin va nous l'apprendre en nous disant deux mots de l'histoire des fiefs :

« De toutes les parties de la jurisprudence, dit-il, *celle-ci est la plus étendue et la plus* OBSCURE. *Nés au milieu de l'anarchie, les droits féodaux ont déjà éprouvé une infinité de révolutions. Pour entendre cette matière il faut remonter à travers les siècles* LES PLUS TÉNÉBREUX *de notre monarchie, consulter les historiens, étudier nos publicistes, recueillir mille faits épars dans nos capitulaires, dans nos coutumes, dans nos chartes aujourd'hui plus ignorées que jamais. Il faut suivre pas à pas la marche irrégulière de notre gouvernement, depuis son berceau jusqu'au quinzième siècle, époque où l'on a commencé à rédiger les coutumes, et à donner une sanction plus solennelle à des droits usurpés, à des usages barbares, à des conventions passées entre la force et la faiblesse ; conventions* REMPLIES D'ÉQUIVOQUE *et toutes différentes les unes des autres. Un grand nombre d'écrivains ont entrepris* DE PORTER LA LUMIÈRE DANS CE CHAOS, *et malheureusement aucun d'eux n'a les mêmes opinions.* CHACUN A BATI SON SYSTÈME *sur des faits et des raisonnements qui ont été combattus par des faits et des raisonne-*

ments capables de décourager ceux qui veulent approfondir la législation et la jurisprudence féodales... »

A quel propos M. Merlin, l'un des plus puissants jurisconsultes de notre siècle, se livre-t-il à cette appréciation du droit féodal ! justement en parlant des fiefs ! (*Voyez ce mot au répertoire de jurisprudence.*)

Telle est la source limpide où M. Dupin est allé puiser ses inspirations et ses enseignements...

Il y a dans la mer une espèce de polype qui possède une singulière faculté. Lorsqu'il voit venir un ennemi dangereux, il se dérobe tout-à-coup à sa vue en distillant autour de lui-même une liqueur noire, épaisse, abondante, et le rusé compère se sauve à travers ce nuage artificiel...

C'est après avoir accompli un phénomène de la même nature que M. Dupin s'écrie avec un superbe aplomb :

Voilà notre ancien droit français!...

Mais le principe de dévolution s'est maintenu jusqu'à nous, il a été défendu par les parlements, il a survécu au système féodal; il s'est assis à côté des chartes et des constitutions, il fut la première base de la splendeur du trône et la source féconde de l'éclat séculaire de notre monarchie!... Non. M. Dupin conteste tout cela, parce que cela le contrarie et déconcerte son dynastique dévoûment. Citons d'autres exemples, et l'on se convaincra que c'est un parti pris.

Veut-on savoir, comme on dit dans un certain camp, la vérité vraie au sujet de la résistance d'Henri IV au principe de la réunion de ses biens à la couronne? veut-on savoir pourquoi ce roi populaire refusait de s'y conformer?

L'étonnant avocat de la maison d'Orléans va nous l'apprendre :

« Sous Henri IV, on essaya de contester l'ap-
« plication de ce droit. Il n'est pas inutile de rendre
« compte de ce qui a eu lieu alors, afin de savoir
« bien ce qu'on entend établir aujourd'hui.

« Une question de réunion très grave était alors
« soulevée. La résistance apportée par Henri IV à
« la réunion de ses domaines n'était pas seule-

« ment motivée sur la tendresse qu'il portait à sa « sœur, *quoique ce soit le motif qu'il en a donné,* « et par le désir de voir payer ses créanciers, ce « qui était d'équité naturelle ; mais au-dessus de « ces deux considérations de droit privé : les af- « fections de famille et les droits des tiers, il y « avait une immense question politique.

« Quoique élevé durement, Henri IV avait été « élevé sur le trône. Non-seulement il avait des do- « maines particuliers, mais une couronne ; plus pe- « tite, il est vrai, que celle de France, et de nature à « être absorbée par elle-même, mais enfin une « couronne distincte. Il importait que le principe « d'unité, d'indivisibilité de la couronne de France, « que le principe de réunion ne reçût aucune in- « fraction.

« On opposa donc à Henri IV l'édit de 1566, « et les maximes du royaume. Le parlement, gardien « de ces lois, refusa d'adhérer au vœu d'Henri IV, « il fit des remontrances et força le roi d'accepter « le principe » (page 14).

Ainsi, Henri IV a menti lorsqu'il a expliqué son

refus par ses bons sentiments de frère, et ses intentions d'excellent débiteur. Ce n'était pas cela. Il voulait être un roi en partie double ; il voulait avoir en Navarre une couronne en miniature, qui lui servît de jouet dans ses moments de loisir. Mais le principe d'unité, d'indivisibilité de la couronne s'y opposait, et il fut obligé de se contenter de la couronne de France..... Ce qui n'empêcha pas Henri IV et ses descendants de s'intituler invariablement rois de France et de Navarre.....

Mais sous Louis XVI, sous Louis XVIII, sous Charles X, quelle était donc la cause du principe de dévolution ? Il n'y avait plus ni fiefs, ni couronne scindée, ni parlement, ni rien enfin qui pût forcer la main à ces rois modernes et leur imposer les mêmes sacrifices ? Voyons, monsieur Dupin, étonnez-nous encore, s'il est possible ; vous qui expliquez tout, expliquez-nous cela.

Vous le voulez ? C'est simple comme bonjour :

« C'était, sans le savoir, un reste des anciennes
« impressions dont on ne pouvait encore entière-
« ment se défendre. De même qu'on a de la peine

« à se défaire de certaines habitudes de langage « qui ne tiennent qu'aux mots, on a aussi beau« coup de peine à se défaire *de l'impression des « choses ;* on continue d'y obéir sans s'en rendre « compte, quand il y aurait de bons motifs de changer.

« Il y a des habitudes politiques qui ne chan« gent pas plus aisément que les habitudes de la « vie privée.

« QUOI QU'IL EN SOIT, on permit un domaine privé « en 1791, et l'on maintint le principe de la dé« volution de ce domaine à l'État en cas de décès « du roi » (page 45).

Décidément c'est une marotte. C'est presque une monomanie. Ainsi, s'agit-il de Hugues Capet qui enrichit la couronne de France de ses immenses domaines ? Bah ! c'était l'usage des fiefs ! Hugues Capet n'était qu'un fieffeux ! ! !....... S'agit-il d'Henri IV qui rapporta un royaume ? Eh bien ! quoi ? c'était l'unité politique ! ! !

S'agit-il de Louis XVI et de ses successeurs ? Allons donc ! c'était un reste d'habitude !!!... Mais le grand principe de dévolution, non, jamais, jamais...

Après des arguments de cette force, on ne doit plus espérer d'être pris au sérieux, et nous devrions cesser une discussion qui tourne à la plaisanterie.

Poursuivons, cependant, car nous voulons vider le fond du sac, pour nous servir d'une expression célèbre empruntée à l'école doctrinaire.

M. Dupin, qui a fait, comme on le voit, des efforts herculéens pour supprimer, en droit, le devoir impérieux de la dévolution que Louis-Philippe avait supprimé en fait à son profit, M. Dupin, malgré cela, va faire entendre le langage le plus incroyable, la prétention la plus inattendue. Que le lecteur fasse un dernier effort; il n'est pas encore au bout de ses surprises :

« La succession maternelle est échue; elle était « encore toute patrimoniale, toute foncière; des « indemnités y étaient attachées. — Ce qui en est « provenu a été employé en entier par le prince, « non compris les dépenses qu'il avait déjà faites « au Palais-Royal. Et il savait bien cependant qu'il

« construisait sur un terrain domanial, puisque le « Palais-Royal était apanage ! Au lieu d'exploiter le « sol, de le ravager, comme l'ont fait certains prin- « ces apanagistes, il l'a orné de ces belles con- « structions qui sont une des merveilles du pays, « un des monuments dont la nation peut s'enor- « gueillir.

« On peut tirer de tous les faits que je viens « d'énumérer cette conséquence, que la bran- « che d'Orléans, la dynastie aujourd'hui régnante, « *s'est identifiée avec la nation française au plus* « *haut degré.* JAMAIS PRINCE, JAMAIS DYNASTIE *n'a* « *plus lié son sort et ses destinées* au sol de la patrie « que la maison d'Orléans ; elle a confié son avenir « et tout ce qui lui appartient au sol français. (Nou- « velles acclamations.)

« Non-seulement le roi actuel n'a jamais acheté « de biens qu'en France ; mais il n'a jamais placé « de l'argent qu'en France. Tout est sous la main « de la nation, comme tout est sous la garde de son « gouvernement constitutionnel. » (Marques réitérées d'assentiment.)

Nous allons voir maintenant cette splendide apothéose se terminer en queue de poisson :

« *Dès lors je ne comprends pas pourquoi le* « *prince régnant a fait abandon à ses enfants* « *de tous les biens qui lui appartenaient au mo-* « *ment de son avénement au trône. Je ne puis* « *voir en cela, de la part de ceux qui lui ont* « *conseillé cet abandon, qu'une espèce de préoc-* « *cupation du passé.*

« *Il importe de remarquer qu'au moins le* « *prince ne faisait pas fraude à une loi qui, évi-* « *demment, ne lui est pas applicable...* »

C'est à ne pas y croire, et toute cette audace oratoire mérite bien d'être relevée.

On exalte d'abord les sacrifices prodigués au Palais-Royal, bien que ce fût un terrain apanager? L'exemple est mal choisi. Car on a oublié que le Palais-Royal, précisément, d'après les termes de l'édit de 1692, était désigné comme devant produire indemnité, *en cas d'accroissement.* Louis-Philippe ne risquait donc rien en embellissant cette portion de son apanage.

Nous n'aurons pas la barbarie de fouler aux pieds la couronne civique que M. Dupin tressait, du haut de la tribune nationale, à son auguste maître, pour avoir fait à sa patrie l'honneur de posséder dans son sein d'immenses domaines et des monceaux d'or ! La France serait bien ingrate si, en présence de titres aussi glorieux, elle n'ouvrait pas, à deux battants, les portes du Panthéon! elle se rendrait même coupable de calomnie posthume, si elle accusait Louis-Philippe d'avoir *exporté*, pendant son règne, d'énormes capitaux en Angleterre et aux Etats-Unis.....

Mais nous protestons, par exemple, de toutes les forces de notre âme indignée, contre cet étrange et fabuleux panégyrique arraché à la conscience de l'orateur par le délire du courtisan : *La branche d'Orléans s'est identifiée avec la nation française au plus haut degré. Jamais prince, jamais dynastie n'a plus lié son sort et ses destinées au sol de la patrie !...*

Qu'est-ce à dire ? C'est juste au moment où l'on consacre la séparation, la division des intérêts du prince et de l'État, qu'on l'honore d'un éloge qui, dans toute autre bouche, eût été pris pour un sarcasme ? C'est au moment où il brisait la noble coutume *du mariage saint et politique* du prince avec la couronne; c'est au moment où l'on substituait pour lui, au grand principe de dévolution, une précaution de méfiance et la jurisprudence du divorce; c'est alors, oui certes, c'est à cette occasion incroyable qu'on exalte le patriotisme de l'usurpateur aux dépens des princes qui s'étaient toujours religieusement conformés à la loi ! C'est alors enfin que l'on dit : *Jamais dynastie n'a plus lié son sort et ses destinées au sol de la patrie que la maison d'Orléans !.....*

Voilà, pourtant, à quoi ils en sont réduits ! Voilà quelles sont leurs armes? Telles sont les élucubrations qu'ils ont appelées à leur aide ! Telle est, en un mot, la défense qu'ils ont ressuscitée !

Et ce n'est pas tout. Il fallut encore, pour échapper à la honte du contraste, qu'on imaginât un système de calomnie étendu à toute la monarchie française, et qu'on signalât tous les prédécesseurs de Louis-Philippe comme de royaux banqueroutiers qui mouraient *toujours* insolvables !

« J'ai déjà dit que le trésor ne gagnait guère à « ces réunions qui, établies par la loi, sont TOU-« JOURS si facilement éludées. Dans ces derniers « temps, en effet, LES ROIS MORTS ont TOUJOURS « laissé plus de dettes que de biens, et les créan-« ciers des rois m'ont TOUJOURS semblé les plus « exposés..... » (page 50).

A ce propos, il y eut, à la chambre des députés, un petit incident. M. Mauguin se chargea de réhabiliter les rois de France, que M. Dupin venait de comprendre dans une malveillante accusation :

« On a dit que jusqu'ici les princes n'avaient ap-« porté à la couronne que des dettes : c'est une « *erreur* grave. *Tous les rois, par leur avéne-« ment, ont enrichi l'État de biens immenses.* « Deux seuls sont arrivés avec des dettes ; ce sont « les deux derniers rois de la dynastie déchue.

« *M. Dupin.* Je n'ai parlé que de ceux-là. « — *M. Mauguin.* Il ne fallait donc pas dire : « tous les rois..... »

Nous n'en finirions pas, si nous voulions relever les énormités de tout genre qui furent entassées dans ce triste et peu grandiose débat. Mais il est impossible, nous en conviendrons volontiers, de méconnaître le bon ton, la distinction de langage, les termes de bonne compagnie, dont le zèle de M. Dupin émaillait alors ses prodiges de tribune. Sous ce rapport, le *Moniteur universel* est un véritable musée de bijouterie oratoire : Ici, nous voyons *les rois morts* laissant plus de dettes que de biens et se moquant de leurs créanciers. Là, des allusions adorables de finesse et d'esprit à l'adresse des *carlistes*. Plus loin, c'est Hugues Capet choisi par ses *compagnons* pour consacrer le *système de la spoliation*. Mais toutes ces ombres n'étaient habilement distribuées sur le tableau que pour faire ressortir, à chaque instant, la grande et noble tête du chef de la dynastie orléaniste ! Etait-ce de la courtisanerie ? Fi donc ! l'ère de la vertu et de l'austérité venait de remplacer le règne du cynisme et de la corruption !... Mais on voulait de plus en plus, selon l'expression de M. Odilon-

Barrot, *isoler* la royauté de juillet de la monarchie légitime, et, pour cela, on s'efforçait d'exalter la première en rabaissant la seconde, de faire de toutes deux des portraits de fantaisie, et de dépouiller l'une du manteau de sa grandeur pour en affubler l'autre, qui en avait grand besoin.....

C'en est assez, trop peut-être, sur ces oripeaux sans valeur qui purent, il y a vingt ans, faire fortune, mais qui, aujourd'hui, ne font plus que pitié. Hâtons-nous de changer d'adversaires, ne fût-ce que pour varier le combat, et n'oublions pas, surtout, de féliciter de grand cœur la dynastie d'Orléans sur son heureuse étoile, qui lui fait trouver de chauds partisans, des défenseurs généreux et désintéressés dans ceux-là même qui, pendant dix-huit ans consécutifs, s'étaient montrés ses plus implacables ennemis.

Le rapport de M. Berryer.

Dans la séance du 10 octobre 1848, M. Berryer fit à l'Assemblée nationale un rapport, au nom du comité des finances, sur une proposition de M. Jules Favre, tendant à peu près au même but que le décret du 22 janvier.

Ce rapport, qui combattait point par point la proposition de M. Jules Favre, est au nombre des documents divers publiés par les adversaires dans l'intérêt de la famille d'Orléans.

Nous pouvons le diviser en deux parties : la première, relative à la donation du 7 août dont on demandait la nullité ; la seconde, relative à la vente forcée des immeubles possédés par les princes d'Orléans sur tout le territoire de la République.

Il va sans dire que M. Berryer s'opposait à l'une

et à l'autre mesure. Cela suffit pour rendre à la défense de nos adversaires le caractère essentiellement politique dont ils voudraient la dépouiller aujourd'hui. M. Berryer avait bien le droit, comme avocat, de réduire la donation du 7 août à une question de propriété. Mais lorsqu'il refusait à la révolution de février le droit d'imposer à ses vaincus la vente immédiate de leurs biens, lorsqu'il s'efforçait de démontrer ou d'insinuer que cette mesure impérieuse était encore une sorte d'atteinte au droit de propriété, il trahissait évidemment autre chose que des préoccupations d'intérêt privé. Il tendait la main à la monarchie de 1830 pour l'aider à se relever de sa chute; les deux dynasties se prêtaient alors un mutuel concours pour parer aux éventualités futures, et ces arrière-pensées du chef de la droite parlementaire devaient se manifester plus tard dans sa naïve participation aux travaux de la rue de Poitiers.

M. Berryer contestait dans son rapport, ainsi que l'avait fait autrefois M. Dupin dans ses discours, que le principe de dévolution fût applicable à la monarchie de juillet. Nous laisserons provisoirement de côté cette partie de sa discussion, parce qu'elle se retrouve dans la consultation où elle est développée *ex professo*, et où nous la réfuterons une dernière fois lorsque nous examinerons l'œuvre des cinq jurisconsultes. Nous nous bornerons seulement à discuter les appréciations de **M.** Berryer sur la vente forcée des immeubles de la maison d'Orléans.

Voici ce qu'il dit à ce sujet :

« Enfin, par un dernier article, notre honorable « collègue voudrait que les princes de la maison « d'Orléans, propriétaires d'immeubles situés sur « le territoire de la République, fussent tenus d'en « opérer la vente dans le délai de six mois...

« Cette injonction, ainsi proposée, peut ne pas « paraître renfermer une atteinte formelle au droit « de propriété ; elle serait, dit-on, justifiée par les « circonstances et par l'intérêt politique. Mais est- « elle, en effet, une conséquence nécessaire de l'in- « terdiction du territoire, prononcée par le décret « de l'Assemblée nationale contre tous les membres « de la famille d'Orléans? La nature même des

« biens immeubles n'offre-t-elle pas *une garantie*
« à l'intérêt politique? Le séquestre établi par le
« gouvernement provisoire sur tous les biens meu-
« bles et immeubles appartenant aux princes et
« princesses de la famille royale nous a paru pré-
« senter, au point de vue de la tranquillité publique,
« une sécurité plus grande que la *conversion de ces*
« *vastes domaines en capitaux disponibles.* »

Chose singulière! M. Berryer, l'orateur légitimiste, défendait, en 1848, la dynastie d'Orléans avec les mêmes prétextes, les mêmes subtilités qui furent invoqués en 1832 pour la branche aînée contre la proscription dont la frappait sa rivale! Il ne sera pas sans intérêt de rapprocher les situations et les discussions de ces deux époques.

M. le duc de Broglie, rapporteur de la commission, qui eut à examiner le projet de loi relatif au bannissement de Charles X et de sa famille, disait :

« Comment se fait-il qu'une proposition si sim-
« ple, si raisonnable dans son principe, ait excité
« tant de rumeurs? Qu'y a-t-il donc au fond de cette
« indignation tumultueuse qu'on a vue s'exhaler con-

« tre elle, et qui semble avoir pris à tâche d'épuiser « toutes les invectives que comporte le langage « humain ?

« Entend-on que les princes de la branche aînée « puissent rentrer en France, si tel est leur bon « plaisir ? Qu'on le dise, qu'on ose le dire tout haut, « en termes clairs et positifs.

« Convient-on que le gouvernement actuel serait « insensé de le souffrir?... »

Plus loin, le rapporteur invoque la jurisprudence politique de la Restauration elle-même, et fait un bien terrible rapprochement :

« Le gouvernement de la Restauration concourut « sans scrupule à faire *déporter* dans un autre hé-« misphère, à faire détenir dans une captivité ri-« goureuse, *le seul concurrent qu'il eût à re-« douter ;* ce n'était pas assez encore, il faisait « rendre, le 12 janvier 1816, une loi dont l'ar-« ticle 4 est ainsi conçu :

« Les ascendants et les descendants de Napo-« léon Bonaparte, ses oncles et tantes, ses neveux « et nièces, ses frères, leurs femmes et leurs des-

« cendants, ses sœurs et leurs maris, sont exclus
« du royaume A PERPÉTUITÉ (le mot n'était pas
« heureux) et sont tenus d'en sortir dans le délai
« d'un mois sous *la peine* portée par l'art. 91 du
« Code pénal (c'était peu de chose : la peine de
« mort.....).

« Ils ne pourront y jouir d'aucun droit civil,
« *posséder aucun bien*, titres, pensions à eux ac-
« cordés à titre gratuit; *ils seront tenus de ven-*
« *dre, dans le délai de six mois, les biens de toute*
« *nature* qu'ils possédaient à titre onéreux. »

M. le duc de Broglie, revenant enfin à la loi de 1832, et aux articles qui portaient obligation pour la branche aînée de vendre tous les biens meubles et immeubles, M. le rapporteur disait :

« Il s'est élevé à ce sujet une discussion dans le
« sein de votre commission. On a demandé par
« quels motifs il serait interdit aux princes déchus
« de posséder des biens en France. *Ces biens*, a-
« t-on dit, *sont un gage* que la France conserve
« entre ses mains. Est-ce crainte qu'ils n'en abusent
« pour exciter des soulèvements ? mais alors il serait

« plus dangereux de les forcer *à convertir ces biens* « *en capitaux disponibles*, que de leur en laisser « recueillir simplement les revenus.....

« Il a été répondu : qu'en permettant aux princes « déchus de posséder des biens en France, on leur « laissait la double faculté d'en recueillir les revenus, « et de se procurer au besoin des capitaux par des « emprunts hypothécaires, double danger qu'on « réduisait de moitié en interdisant toute possession. « On a, de plus, ajouté : que le bon ordre ne per- « mettait guère de laisser subsister en France des « biens possédés par les princes déchus, ostensi- « blement et sous leurs noms. Que ce serait, pour « le public, un objet d'irritation constante et de « soupçons perpétuels. Ces motifs ont déterminé la « majorité de votre commission. »

La chambre de 1832 fut plus sévère que l'Assemblée nationale de 1848 ; et pourtant M. Berryer ne fit que reproduire en faveur de la dynastie d'Orléans les mêmes exceptions qu'on opposait en 1832 aux sévérités dont elle frappait la branche aînée. Ce sont les mêmes idées, parfois les mêmes termes, et ce sera un grand sujet de gloire pour M. Berryer d'avoir convaincu une assemblée semi-républicaine avec les mêmes raisons qui échouèrent jadis devant une assemblée semi-monarchique. On affectait même dans ces deux circonstances d'invoquer l'ordre public, car on disait également pour les deux dynasties : *Les biens sont un gage entre les mains de l'État, et il serait dangereux de convertir ces biens en capitaux disponibles.*

Cela se réfutait tout seul, puisque au moyen des hypothèques on a toujours des capitaux disponibles. Eh ! bien, l'Assemblée nationale s'inclina devant le sophisme percé à jour que la chambre de Louis-Philippe avait repoussé avec perte en 1832. Comment expliquer ce phénomène présenté par les adversaires comme un blâme anticipé de la nation contre les décrets du 22 janvier ? Comment la République de 1848 fut-elle plus généreuse pour ceux qu'elle venait de vaincre qu'ils ne l'avaient été eux-mêmes pour ceux qu'ils venaient de dépouiller ?

Il est d'abord très possible qu'à cette époque, au lendemain, pour ainsi dire, de la révolution de

Février, quelques républicains généreux n'aient pas cru la maison d'Orléans dangereuse, considérée comme propriétaire. Ils doivent savoir aujourd'hui quels sont les devoirs impérieux qu'imposent à un gouvernement la prétention impérissable de cette famille et les intrigues incessantes de ses agents; ils doivent être convaincus qu'il n'y a pas de mesure indifférente à prendre contre ces incorrigibles ennemis du repos public.

Mais il est surtout une considération d'un autre ordre qui peut nous donner la clef de cette énigme. Est-ce que des ruses, des cabales, des manœuvres de toutes sortes n'avaient pas déjà dénaturé l'Assemblée nationale en dénaturant les élections? Est-ce qu'une minorité anti-républicaine, composée d'éléments hétéroclites empruntés à toutes les factions, n'avait pas surpris la bonne foi, la simple crédulité de ce grand enfant qu'on appelle le peuple, et ne s'était pas glissée sous le masque dans le Palais législatif? L'enceinte démocratique, dont on devait plus tard faire la pharmacie de la fusion, donnait asile à tous les tripotages qui devaient bientôt édifier la France, et lorsque M. Jules Favre fit sa proposition, les orléanistes en domino, escortés de toutes leurs dupes, amnistièrent les domaines des princes d'Orléans...

Voilà tout le mystère ; il fut accompli par l'habileté des uns et la confiance, peut-être le dédain des autres, dans un moment surtout, ne l'oublions pas, *où les journées de juin venaient de rapprocher tous les partis.*

Quant au rapport de M. Berryer, nous n'hésitons pas à le dire, il perdit une grande partie de son autorité en poussant la défense des princes d'Orléans jusqu'à ses dernières limites. Qu'importait au droit et à la justice que ces princes restassent propriétaires dans une contrée qu'ils ne devaient plus revoir ? Quel but se proposait-on en couvrant leurs domaines du prétexte de la tranquillité publique ? Pourquoi M. Berryer demandait-il que les princes d'Orléans fussent autorisés à posséder de vastes immeubles dans un pays dont l'accès leur était interdit ? Ce zèle excessif n'avait-il pas son principe dans des combinaisons politiques plutôt que dans le respect du droit et dans l'amour de l'ordre public? Le premier intérêt de ceux qui ne doivent plus revenir n'est-il pas au contraire de réaliser leur fortune, de réunir toutes leurs ressources pour concentrer leurs soins et simplifier leur administration? Il ne faut pas, disait-on en 1832, et répétait M. Berryer en 1848, il ne faut pas forcer des prétendants à changer leurs propriétés *en capitaux disponibles* dont ils pourraient faire un usage contraire à la tranquillité publique? Voilà, certes, une sollicitude bien louable, et, pour notre compte, nous accordons tous nos éloges à ces patriotiques intentions. Mais la maison d'Orléans n'a-t-elle pas, en effet, converti récemment, au moyen de l'hypothèque, son droit de propriété en *vingt millions de capitaux disponibles?* Qu'a donc voulu M. Berryer en immobilisant en France les intérêts des princes? Il a voulu immobiliser leur influence, et cet acte de fausse stratégie monarchique a été son premier pas dans la funeste voie où il s'est engagé.

Autant que personne nous admirons et pratiquons le pardon des injures. Mais lorsque cette vertu évangélique s'exerce dans le camp des partis vaincus, lorsqu'elle déploie *toutes ses grâces* sur le terrain de la défaite, elle perd son caractère vénérable pour prendre celui de l'intrigue et de la coalition. Devant la longue et laborieuse mise en scène d'une réconciliation grimacée, l'illusion et l'attendrissement ne sont plus possibles pour ceux qui sont initiés dans les mystères des coulisses. Avant de quitter la plume, nous dirons probablement deux mots de la fusion ; en attendant, nous prévenons charitablement les fusionistes que le public est fatigué de leur comédie, et qu'il est temps de baisser le rideau....

La Consultation des Cinq.

Ceux qui auront suivi toutes les phases de ce grand procès ont pu se convaincre que la question est simplifiée, concentrée sur un seul point : la validité ou la nullité de la donation du 7 août. Nous allons parcourir, dans toutes ses importantes parties, l'argumentation méthodique, approfondie, et longuement élaborée, dont cinq jurisconsultes aussi célèbres qu'honorables ont enrichi la discussion. Mais nous demandons, avant tout, au lecteur de faire abstraction complète de leur science et de leur renommée ; d'oublier, enfin, les signatures des jurisconsultes pour ne se rappeler que leur œuvre. Nous avons eu besoin, nous-même, de recourir à ce stratagème psychologique pour n'être pas ébloui par l'éclat ou déconcerté par la force de nos illustres adversaires.

Il est donc bien entendu que nous allons jeter un voile provisoire sur la brillante auréole qui les environne. Ce sera le seul moyen d'égaliser un peu les chances du combat pour notre modeste nom qui ne brille que par son obscurité.

Pour repousser le principe de la réunion des biens de Louis-Philippe au domaine de l'État, on invoque *trois raisons également décisives* :

PREMIÈRE RAISON.

« Les lois de l'ancienne monarchie, aux termes
« desquelles les biens particuliers du prince qui
« parvenait au trône étaient, de plein droit et à
« l'instant même, réunis au domaine de l'État, n'é-
« taient pas applicables à la royauté de 1830.

« Les lois qui ordonnaient cette réunion, et no-
« tamment l'édit de 1607, étaient fondées sur l'es-
« sence même de la monarchie traditionnelle.

« Il y avait une auguste famille qui se trouvait

« identifiée avec l'État, qui avait participé à toutes « les grandeurs et à toutes les gloires de la France, « et qui, par des réunions successives de provinces « et de fiefs, avait rétabli l'unité nationale détruite « sous les faibles successeurs de Charlemagne. Ses « devoirs étaient d'accord avec ses droits. Le scep- « tre était assuré à perpétuité à l'aîné de cette fa- « mille, et réciproquement cet aîné appartenait au « pays; il se *consacrait* et se *dédiait* à lui, comme « le dit Henri IV dans l'édit de 1607; il ne devait « donc conserver rien en propre, car il ne pouvait « avoir d'intérêts distincts de ceux de l'État....

« Après la mort du roi, son successeur le rem- « plaçait sans intervalle et sans condition. Il y avait « changement de personne, mais perpétuité de « pouvoirs....

« Cette union du royaume et de la race royale, « que l'édit de 1607 avait encore qualifiée de *ma- « riage saint et politique*, devait nécessairement « entraîner l'incorporation au domaine de la cou- « ronne des biens privés du prince qui montait sur « le trône » (pag. 119 et suiv.).

Voilà le texte. Nous n'y changerons rien en le résumant ainsi : La réunion des biens était une conséquence du principe de légitimité.

Pour admettre cette proposition, il faut d'abord saisir un rapport quelconque, direct ou éloigné, entre ces mots, d'une part : MONARCHIE TRADITIONNELLE, et ces mots, d'autre part : RÉUNION DES BIENS.

Nous n'en apercevons aucun, et nous allons prouver qu'il n'en existe pas.

1° Une auguste famille s'identifiait avec l'État;

2° Elle avait participé à toutes les grandeurs, à toutes les gloires de la France;

3° Par des réunions successives de fiefs ou de provinces elle avait rétabli l'unité nationale;

4° Le sceptre était assuré à perpétuité à l'aîné de cette famille;

5° Ses devoirs étaient d'accord avec ses droits;

6° L'aîné se dédiait et se consacrait au pays;

7° Après la mort du roi, son successeur le remplaçait ; il y avait changement de personne, mais perpétuité de pouvoirs.

Nous faisons ici un appel à la conscience, à la justice de tous : quelle est celle de ces diverses propositions qui ne s'applique pas à toutes les royautés ?

Si l'on veut faire une exception en faveur de la dynastie d'Orléans, il faudra dire à la gloire de cette dynastie :

Qu'elle ne s'est pas identifiée avec la France;

Qu'elle n'a participé ni à ses gloires ni à ses grandeurs;

Qu'elle a voulu porter atteinte à l'unité nationale;

Que ses droits étaient en disproportion avec ses devoirs.

Il faudra dire encore contre son pacte même :

Que le sceptre n'était pas assuré, à perpétuité, à l'aîné de cette famille;

Qu'à la mort du roi, son successeur ne devait pas le remplacer;

Que s'il y avait changement de personne, il n'y avait pas perpétuité de pouvoirs;

Et qu'enfin ni le roi ni ses enfants ne se dédiaient ni ne se consacraient à leur pays!!!

Tel est le cercle de Popilius dans lequel les défenseurs se sont enfermés; nous les défions d'en sortir. Est-ce bien là ce qu'on a voulu dire? Si nous avions l'honneur d'appartenir à la maison d'Orléans, nous le déclarons sur notre âme, nous le jurons sur Dieu, nous aurions hautement et publiquement désavoué une pareille défense; nous eussions arrêté nos imprudents avocats dans leur flétrissant plaidoyer, et nous eussions écrit, publié, affiché, répandu ces mots arrachés à la sainte émotion de notre piété filiale :

Périssent nos millions plutôt que notre honneur!

. . . .

Et pour qu'on ne s'y trompe pas, pour que le sens, l'intention de l'argument ne puisse pas prêter à l'équivoque, on le fait suivre de cette désespérante conclusion :

Supposez, au contraire, une dynastie nouvelle..... Est-ce qu'il sera possible de lui appliquer les mêmes règles?

« Il est manifeste que non ! »

Ce qu'il y a de manifeste, c'est que la mémoire de Louis-Philippe, l'honneur, la gloire de sa dynastie, sont, dès le début de la défense, cloués au pilori de l'histoire, et, pour ainsi dire, égorgés sans pitié, offerts en holocauste au génie de la chicane et de la fortune.

Eh bien ! alors, ce sera nous qui défendrons cette mémoire contre le vertige de la cupidité. Ce sera nous qui, en rétablissant la vérité des principes et en démasquant toutes les subtilités de langage, réhabiliterons l'honneur si étrangement compromis de la maison d'Orléans.

L'erreur capitale dans laquelle sont tombés les jurisconsultes a été de confondre les lois en vertu desquelles on monte sur le trône, et les devoirs rigoureux, les obligations nationales qui dérivent de la royauté. Les anciens rois ceignaient la couronne selon le principe de légitimité ; donc, ils devaient forcément réunir à cette couronne leurs biens particuliers ! Louis-Philippe usurpa cette couronne, donc, à cause de son usurpation qui semblait lui imposer de plus grands devoirs pour la faire oublier, il ne dut pas se conformer à la loi. Quel est celui qui n'est pas choqué de ces disparates? Quel est celui qui saisira le moindre rapport entre cet impossible accouplement de pensées?

Eh! quoi? La famille de Louis-Philippe n'était pas une famille auguste? Mais, nos adversaires eux-mêmes ne séparent presque jamais ces deux mots. Elle ne s'identifiait pas avec l'Etat? Mais à quoi donc pensait M. Dupin, lorsqu'il disait que jamais dynastie, jamais prince royal n'avait *identifié* son sort aux destinées de la France comme la dynastie d'Orléans? Elle n'a participé ni à ses gloires ni à ses grandeurs? Mais à quoi donc pensait Louis-Philippe, lorsqu'il disait qu'il se vouait tout entier à la gloire, à la grandeur et à la prospérité de son pays? A quoi pensait-il donc lorsqu'il embellissait Versailles et Fontainebleau; lorsqu'il prodiguait les encouragements aux artistes; lorsqu'il réparait les monuments; lorsqu'il dotait, à grands frais, la capitale des majestueuses antiquités de l'Egypte; lorsqu'il envoyait son fils demander à l'Angleterre l'ombre de l'empereur; lorsque, ne pouvant donner à la France la gloire des vivants, il lui donnait au moins le souvenir de la victoire et la gloire des tombeaux? A quoi pensait ce malheureux monarque, lorsqu'il exposait le sang de ses enfants sur les champs de bataille, où ils ont si noblement joué leur rôle, comme de véritables Français qui ne mentaient ni à leur origine ni à leur patrie? Défenseurs de la donation, nous vous le disons ici avec une émotion que nous ne jouons pas : vous avez rabaissé votre cause au niveau d'une question d'argent, et, pour sauver à tout prix quelques écus, vous avez calomnié le caractère et compromis la dignité de ceux qui vous chargeaient de les défendre.

Nous arrêterons-nous, maintenant, à cette *perpétuité* de pouvoir qui était, dit-on, la cause et la récompense de la réunion des biens au domaine de l'État? Cette perpétuité n'est-elle pas la prévision obligée, nous pourrions dire la prétention *éternelle* de toutes les dynasties? Celle de 1830 s'en est-elle fait faute? La chambre des députés ne déclara-t-elle pas que : *l'intérêt universel et pressant du peuple français* (représenté par 219 révolutionnaires parjures) *appelait au trône Son Altesse Royale Louis-Philippe d'Orléans, duc d'Orléans, et ses descendants à* PERPÉTUITÉ, *de mâle en mâle, par ordre de primogéniture, et à l'exclusion perpétuelle des femmes et de leur descendance*?

Voilà donc, sur ce point, toute la ressource des adversaires. Nous ne les tenons pas quittes. Il faut encore qu'ils s'expliquent ; il faut que nous sachions toute leur pensée, que nous suivions pas à pas toutes les ramifications de leur premier argument, pour qu'ils n'aient pas même le prétexte d'avoir été mal compris.

A l'appui de leur système, ils invoquent :

La différence des principes,

La différence d'origine.

Ils disent : « Lorsqu'une dynastie nouvelle vient « occuper le trône, ce ne sont pas les principes an- « térieurs sur l'hérédité qui sont la source de son « pouvoir. Loin de là, le sceptre n'est remis entre « ses mains que contrairement à ces principes.

« Comment donc serait-elle soumise à une obliga-
« tion qui n'est que la conséquence de ces mêmes
« principes?..... » (page 122).

Ils disent ensuite : « Les décrets de l'Assemblée
« constituante de 1789 avaient limité le pouvoir de
« Louis XVI ; mais ils n'en avaient pas changé l'o-
« rigine. C'était toujours comme aîné de la famille
« de Hugues Capet qu'il occupait le trône..... »
(page 123).

Quant aux principes, nous dirons : Si, lors de votre avénement, vous aviez supprimé l'hérédité, et introduit le principe électif, rigoureusement on vous comprendrait. Dans ce cas, vous eussiez tout simplement établi la république, car une monarchie élective est, bel et bien, une république. Mais, en matière de monarchie, quel est le principe fondamental ? L'hérédité. Vous n'avez fait que subir, ou plutôt accepter les conséquences du système monarchique, en maintenant l'hérédité perpétuelle, de mâle en mâle, et par ordre de primogéniture. Vous n'avez pas continué la dynastie, non, quoique vous soyez une branche de cette dynastie; mais vous avez continué la monarchie. Sans doute, vous avez légèrement modifié les institutions accessoires; mais vous avez conservé intacte, et à votre profit, l'institution fondamentale. Savez-vous ce que vous avez fait? Vous avez *démarqué* une couronne qui ne vous appartenait pas, comme on démarque un linge ou un objet dérobé. Vous avez teint le drapeau; un coq a remplacé la fleur de lis, et le tour était fait.

Mais la constitution de 1830! direz-vous? il n'y a pas de constitution de 1830, il n'y a qu'une charte basée sur les mêmes principes que ceux de 1814. Vous avez légèrement modifié la Charte de Louis XVIII; mais Louis XVIII avait largement modifié la Constitution de Louis XVI, ce qui ne l'avait pas empêché de proclamer le principe de dévolution. Et Louis XVI, qui avait pour ainsi dire transformé la monarchie de Louis XIV, n'avait-il pas accepté le même principe reproduit et fixé dans l'art. 6 du décret de 1790?

Vous voulez que la réunion des biens constituât un devoir inhérent à la monarchie et à la légitimité?

mais vous avez conservé la monarchie et la légitimité qui n'est autre chose que la succession directe. Qui eût succédé à Louis-Philippe? son fils aîné, le duc d'Orléans. Qui eût succédé à ce dernier? son fils aîné, le comte de Paris, et ainsi de suite... sauf les éventualités révolutionnaires qui auraient pu surgir d'une seconde branche cadette, dont le duc de Nemours, par exemple, eût été le chef...

Vous êtes donc assis sur les mêmes principes que ceux que vous avez détrônés. Vous avez illégitimement recueilli leur succession; c'est bien le moins que vous en supportiez les devoirs.

Est-ce que des partisans dévoués de la royauté de juillet ne partageaient pas eux-mêmes nos convictions? M. le baron Mounier, lors de la discussion de la loi sur la liste civile, disait à la chambre des pairs, le 28 février 1832: *La loi sur laquelle vous êtes appelés à délibérer intéresse la dignité nationale, la splendeur du trône, et l'indépendance même du monarque...*

Le même orateur n'était donc pas suspect, lorsque dans la séance du 29 il caractérisait en ces termes la révolution de 1830 :

« Parce qu'une profonde commotion s'est fait « sentir, parce que les tremblements retentissent « encore, il ne faut pas tout briser, *ou croire, du « moins, que tout a été brisé.* Une dynastie a été « renversée, LE TRÔNE NE L'A PAS ÉTÉ, LA CONSTI-« TUTION DU PAYS NE L'A PAS ÉTÉ ; car on a beau dire, « la Charte de 1830 est au fond la Charte de 1814. « C'est une loi LÉGÈREMENT AMENDÉE. La législation « est la même, la magistrature même est restée. « J'en appellerais, s'il était besoin, à celui que je « combats (M. Dupin). N'est-ce pas son éloquence « qui a rendu à la France le signalé service de faire « proclamer *le respect de toutes les lois tant « qu'elles n'ont point été formellement abo-« lies ?*

« Eh bien ! ce système, nous l'étendons à la do-« tation de la couronne. *Nous trouvons une suite, « une liaison non interrompue dans cette dota-« tion.* Les faits sont là. La royauté s'assied dans « les mêmes palais en 1832 qu'en 1814 et 1816... »

S'il y a eu, pour la dotation, une suite, une liaison non interrompue, elle a existé aussi pour les devoirs qui s'y rattachaient. Cette logique est indivisible ; elle défie toutes les arguties.

Les adversaires pourtant ne se rendent pas, car ils ont à ce sujet deux cordes à leur arc. Battus sur le principe, ils invoquent *la différence d'origine !...* et vraiment nous sourions d'avance en voyant toutes ces flèches se retourner à tire d'ailes contre leurs malhabiles archers.

Oui, disent-ils, nous avons maintenu le principe royaliste héréditaire, mais nous avons été couronnés *contrairement* à ce principe. Sans doute l'Assemblée constituante de 1789 avait limité le pouvoir de Louis XVI ; mais elle n'en changea pas l'*origine*, c'était toujours comme aîné de la famille de Hugues-Capet qu'il occupait le trône... tandis que nous, au contraire, nous avons brisé la loi de succession, nos droits n'ont pas la même source ; notre *origine* n'est pas la même ; par conséquent, nous ne devions rien à l'État.

Vous invoquez votre origine? parlons-en, nous le voulons bien.

Mais où avez-vous donc l'esprit lorsque vous invoquez le nom de Hugues Capet? Ce nom seul vous condamne, car son histoire, c'est presque la vôtre. Faisons donc en peu de mots le rapprochement que vous avez provoqué et vous vous rendrez à l'évidence.

L'élection de Hugues Capet fut une infraction à la loi de succession.

L'avénement usurpé de Louis-Philippe fut une infraction à la loi de succession.

Lorsque Hugues Capet fut couronné roi, ses droits étaient primés par un prince du sang royal, Charles Ier, duc de Lorraine, fils de Louis d'Outre-Mer.

Lorsque Louis-Philippe fut couronné roi, ses droits étaient primés par ceux du duc de Bordeaux.

Mais *les États convoqués à Noyon* déclarèrent le duc de Lorraine *indigne* de succéder, parce qu'il avait donné foi et hommage à l'empereur Othon. Ils proclamèrent Hugues Capet roi, en juin 987, et posèrent sur sa tête une couronne qui devait traverser neuf siècles.....

La chambre des députés de 1830, violant le mandat qu'elle avait reçu, détourna la couronne de la tête d'un enfant pour la poser sur celle de Louis-Philippe. Quel était donc le crime du jeune duc de Bordeaux ?... Aussi la royauté bourgeoise, loin de durer neuf siècles, eut-elle grand'peine à se traîner pendant 18 ans!... C'était déjà trop.

On le voit : les situations étaient les mêmes. Le droit fut manifestement violé en faveur de Hugues Capet comme il le fut en faveur de Louis-Philippe. A cette légère différence près qu'il y eut élection pour le premier et qu'il n'y en eut pas pour le second.

Arrivons maintenant à la comparaison des actes. Hugues Capet, couronné, non pas *conformément,* mais *contrairement* au droit monarchique, réunit pourtant ses biens immenses au domaine de la couronne, et il fut d'autant plus heureux, d'autant plus fier de l'enrichir, qu'il se vit élevé au rang suprême sans y avoir aucun droit.

M. Mauguin, M. le général Bertrand, tous les orateurs qui prirent part, en 1832, à la discussion de la liste civile, citèrent Hugues Capet comme un des princes qui ont le plus agrandi, étendu le domaine de la couronne, bien qu'il fût arrivé au trône en violation de l'ancienne loi. M. Berryer lui-même, dans son rapport, confirme cette vérité historique en ces termes :

« C'est ainsi que le domaine public s'est formé « des grands fiefs de Hugues Capet et des riches « possessions de ses fils, les Valois et les Bourbons » (page 69).

Nous savons au contraire quelle fut la conduite de Louis-Philippe. Il sauva sa fortune avec une honteuse précipitation qui était, elle seule, la reconnaissance formelle, éclatante, du principe qu'il se hâtait d'éluder ; et cette mesure anti-nationale, nous en avons la conviction, n'a pas peu contribué à sa chute. Mais il faut vraiment avoir le vertige, il faut être inspiré par le génie de la défaite pour évoquer l'exemple de Hugues Capet et se condamner soi-même à un parallèle aussi redoutable. C'est réveiller bien maladroitement un contraste accusateur que de faire intervenir dans le débat la grande figure du chef de la dynastie capétienne qui donnait à 900 ans de distance une si grande leçon de patriotisme au chef par trop bourgeois et trop intéressé de la dynastie orléaniste.....

Jusqu'ici la fameuse consultation n'a pas fait un grand pas ; car tous les points d'appui que cherchent les adversaires leur échappent, les arguments même qu'ils invoquent les accusent et les condamnent.

Ils prétendent avoir divorcé avec le droit ? Pourquoi donc la chambre des députés, sur le rapport de M. Dupin que nous trouvons toujours quand il s'agit de torturer la vérité, voulut-elle faire illusion à la France en déclarant *que le trône était* VACANT EN DROIT ? Cela était matériellement faux ; mais on prouvait, en invoquant *le droit*, qu'on avait la prétention de rester dans les limites du droit, même lorsqu'on le mutilait. Il y eut changement de personne, mais l'hérédité perpétuelle resta ; le vieux principe fut maintenu. La couronne changea de tête, en violation du droit, mais la tradition fut imitée, sinon respectée; la vieille loi salique régit la royauté usurpatrice comme elle avait régi l'antique monarchie.

L'Empire a conservé et appliqué le principe de réunion.

La proposition formulée en tête de ce chapitre étonnera et scandalisera d'autant plus nos honorables adversaires, qu'elle est la négation complète des interprétations erronées qu'ils ont faites de la législation impériale relativement au principe de réunion. Ils ont, à ce sujet, attribué à l'Empereur des intentions et des sentiments tout-à-fait identiques à ceux de Louis-Philippe. Ils ont établi une fausse corrélation entre la jurisprudence domaniale de 1810 et celle de 1832. Nous allons prouver au contraire, d'abord : que, sous l'Empire, le principe de dévolution ne fut pas répudié, *en droit;* bien plus, que ce principe reçut son application, *en fait.*

Si ces deux points de la discussion nous sont acquis, on conviendra que les défenseurs ne sont pas heureux, et que leur cause, au lieu de faire des progrès, aura marché à reculons.

Voici ce qu'ils disent :

« L'Empire fut fondé ; quel système adopta-t-il « relativement au domaine de la couronne et aux « biens particuliers du prince? Se conforma-t-il à « ce que le décret du 22 janvier appelle l'*ancien « droit public de la France* en cette matière?

« Nullement, et la raison en est simple : il ne « s'appuyait pas sur le passé ; c'était en lui-même, « ou, si l'on veut, dans les votes du peuple, qu'il « trouvait sa consécration.....

« Rien n'avait été décidé relativement au système domanial. Le sénatusconsulte de 1810 y « pourvut par des dispositions très étendues....

« Y trouve-t-on une disposition semblable à

« celle de l'ordonnance de 1607 et de la loi du « 22 novembre 1790 ? Y est-il dit que les biens qui « appartiendront à l'Empereur, lors de son avé- « nement au trône, seront de plein droit et à l'in- « stant même réunis au domaine de la couronne ? « Non. Cette règle, que le décret du 22 janvier « qualifie de *règle fondamentale de la monar- « chie*, ne figure pas dans le sénatusconsulte de « 1810, et elle ne devait pas y figurer ; car la mo- « narchie impériale n'avait rien de commun avec « l'antique monarchie des rois de la troisième race, « et ce qui était conforme à la nature de celle-ci « aurait été contraire à la nature de celle-là » (page 124).

Il faut avoir ce que nous appellerons le courage d'une défense aux abois pour oser mettre en parallèle ces deux règnes et pour conclure des lois d'une époque de gloire et de resplendissante grandeur aux précautions lésineuses d'une époque de décadence et d'abaissement continu. D'un côté, l'Empereur, qui faisait naître les trônes sous ses pas, distribuait les couronnes et faisait des rois comme des généraux. De l'autre, Louis-Philippe, l'humble vassal de toutes les puissances, qui restait chapeau bas devant tous les roitelets de l'univers, et refusait pour son fils le trône de Belgique, crainte de contrarier l'Angleterre ! Ici, l'ère impériale, avec son cortége de victoires et de conquêtes, avec son butin de territoires entassés sur la carte de France, et de millions versés dans les coffres de l'État !... Là, le système à outrance de la paix à tout prix !!! Arrêtons-nous.... N'abusons pas de l'avantage. Mais c'est faire preuve, en vérité, d'une bien grande abnégation que d'aller ainsi troubler *le sommeil* du colosse et l'appeler en témoignage dans un débat qui l'eût fait sourire de pitié !...

Eh bien ! nous disons aux défenseurs de la dynastie orléaniste : Vous consultez l'Empire et fouillez dans ses lois ? Tant pis pour vous, car ces lois vous condamnent.

Vous avez supprimé, vous, en **1832**, le principe de réunion *d'une manière irrévocable et absolue.* L'Empire, quoi que vous en disiez, a conservé ce principe en **1810**. Cela résulte incontestablement de l'art. 48 que vous avez cité en l'altérant un peu, et que nous allons reproduire, en le rétablissant dans son intégrité :

« Art. 48. — Les biens immeubles et droits in-
« corporels faisant partie du domaine privé de l'Em-
« pereur *ne sont*, en aucun temps, ni sous aucun
« prétexte, réunis, de plein droit, au domaine de
« l'État. *La réunion ne peut s'opérer que par un*
« *sénatusconsulte.* »

Vous avez substitué à l'indicatif, *ne sont*, le futur plus énergique et plus absolu : *ne seront.* C'est probablement une erreur de typographie; mais nous la relevons parce qu'elle peut avoir son importance. Avec votre rédaction, vous semblez engager même l'avenir, et l'avenir, au contraire, va nous apprendre tout à l'heure que les biens privés de l'Empereur ne devaient pas tarder à subir la réunion.

Nous voyons donc que l'art. 48 du sénatusconsulte de 1810, loin de proscrire *absolument* le principe, le conservait intact; la loi impériale ne différait de l'ancienne loi monarchique que par le mode de réunion qu'elle avait adopté. Selon la première, la dévolution s'opérait par un sénatus-consulte ; selon la seconde, elle s'opérait de plein droit. Il faut pourtant reconnaître que cette modification, en rendant la réunion des biens facultative, pouvait la rendre illusoire ; mais nous allons voir que le principe introduit dans la loi de 1810 n'était ni une lettre morte, ni une clause inutile ; et d'ailleurs, si l'Empire eût voulu se soustraire à cette éventualité, il n'aurait eu qu'à supprimer tout simplement la dernière phrase de l'art. 48.

L'application ne se fit pas longtemps attendre. Le sénatusconsulte du 1er mai 1812, que les adversaires semblent avoir oublié, mais qu'ils retrouveront toujours dans la collection des lois, s'ils veulent bien la compulser, ce sénatusconsulte, exécutant largement celui de 1810, est conçu en ces termes :

« ARTICLE PREMIER. — Sont réunis et demeurent « annexés au domaine de la couronne *les immeu-« bles acquis au nom de Sa Majesté,* et dont la dé-« signation suit, savoir :

« Saint-Cloud (comprenant une série de huit immeubles).			
« Versailles,	—	—	*vingt-six immeubles.*
« Meudon,	—	—	six immeubles.
« St-Germain,	—	—	trois immeubles.
« Rambouillet,	—	—	neuf immeubles.
« Fontainebleau,	—	—	dix immeubles.
« Compiègne,	—	—	quatre immeubles.
« Paris,	—	—	deux immeubles.

« Art. 2. — Sont également réunis et demeurent « annexés au domaine de la couronne LES PALAIS « de Strasbourg et de Bordeaux, mis au nombre « des palais impériaux par les décrets des 21 jan- « vier 1806 et 18 avril 1808. » Total : soixante-huit immeubles acquis des deniers de l'Empereur, plus, deux palais impériaux, réunis d'un seul trait au domaine de la couronne.

Le principe de réunion fut donc maintenu *en droit* et appliqué *en fait*, par les deux monuments législatifs que nous venons de citer. Voudrait-on bien nous citer un seul article de la loi de 1832 qui maintienne l'éventualité de la réunion comme le faisait le sénatusconsulte de 1810? Voudrait-on nous citer surtout un article de loi qui fasse une application quelconque du principe, effectuée sous le règne de Louis-Philippe comme elle le fut sous celui de l'Empereur? Nous n'en connaissons pas. Qu'on se figure un ministre qui eût demandé la réunion au domaine de l'État de six pieds de terrain appartenant à Louis-Philippe?... on l'eût, sans doute, pardonné pour cause d'aliénation mentale; et Charenton seul l'aurait sauvé de Vincennes... Mais nous savons, par exemple, que la loi de 1832 prévoyait d'autres éventualités plus lucratives que celle-là. S'il n'était rien stipulé relativement aux intérêts de l'État, l'art. 21, en revanche, déclarait qu'en cas d'insuffisance du domaine privé les dotations de messieurs les princes et des princesses leurs sœurs seraient réglées par des lois spéciales...

Et maintenant, si, de ce que l'Empereur ne réunissait ses biens privés au domaine de la couronne qu'en vertu d'un sénatusconsulte, on veut induire que Louis-Philippe avait le droit de garder les siens et de violer les lois de la monarchie; si, de ce que l'Empereur qui n'était lié, lui, au passé monarchique de la France ni par ses ancêtres, ni par ses serments, ni par ses apanages, ni par ses actes, ni par la reconnaissance, ni par la loi, avait créé le glorieux Empire français sur les débris de la République, avait jugé à propos de faire une nouvelle législation sur les domaines de la nouvelle couronne et de changer le mode de réunion, si, de tout cela on veut induire que Louis-Philippe, qui ne créa pas un trône nouveau, qui proclamait au contraire celui de ses anciens maîtres *vacant en fait et en droit* et qui ne prit que la peine de s'y asseoir, pouvait s'affranchir d'un devoir inhérent à la couronne dont il s'emparait, et cela sans abroger formellement les lois qui la régissaient, c'est vraiment abuser de l'analogie, et sous ce rapport, comme sous tant d'autres, on peut dire que l'Empire n'avait rien de commun avec la royauté de juillet...

Quelles étaient les lois de l'Empire avant la création de l'Empire? où étaient-elles? où était le droit antérieur? où était la tradition? Voulait-on que Napoléon, qui avait scellé de son épée le tombeau de la République, qui avait construit lui seul le plus beau trône du monde, qui s'y était couronné lui seul, et par droit de conquête et par droit de *suffrages*, voulait-on que l'Empereur fût lié par les lois de Hugues Capet et de Henri IV, comme s'il eût été leur successeur et leur descendant? et pourtant, que fit-il? Il fit ce que n'a pas fait Louis-Philippe, il maintint dans ses lois le principe de dévolution, et ce principe, il l'appliqua par le sénatusconsulte de 1812. Si même nous voulons faire une appréciation impartiale du caractère de l'Empereur, nous reconnaîtrons que ce sénatusconsulte n'eût pas été le dernier... *sic voluêre fata!* Mais l'acte du 1er mai 1812 recevra peut-être un jour son complément... Tandis que Louis-Philippe, Bourbon descendant d'un fils de France, remplaçant Charles X huit jours après avoir été nommé lieutenant-général du royaume par Charles X, montant sur le trône sans interrègne, et y montant justement sous le prétexte invoqué de la violation des lois de la monarchie, Louis-Philippe, disons-nous, ne suivit l'exemple de personne, pas plus celui de l'Empereur que celui des Bourbons, et l'on veut, chose inouïe! que ce procédé attentatoire aux droits de l'État, fût consacré de PLEIN DROIT, et sans l'intervention des lois !... S'il faut qu'il en soit ainsi, un voile épais couvre nos yeux et notre intelligence ; nous n'avons plus en justice que des notions incomplètes et oblitérées ; ou bien, nos adversaires sont affligés d'un incurable aveuglement. L'opinion choisira.

Nous venons de parcourir rapidement un opuscule récent intitulé : SEULE QUESTION, publié en faveur de la famille d'Orléans, et dans lequel nous avons remarqué le passage suivant :

« Nous rappelons le sénatusconsulte de 1810
« aux défenseurs du décret du 22 janvier, et leur
« portons en terminant LE DÉFI d'emprunter à
« l'Empire, *une ligne,* UNE PHRASE, UN MOT,
« qui ne soit la condamnation de la thèse qu'ils
« soutiennent. »

Ainsi, lorsque nous transcrivions le sénatusconsulte de 1812, nous relevions sans nous en douter un défi très nettement formulé. *Pas une ligne ! pas une phrase ! pas un mot !* Cela est un peu fort, et peut paraître tant soit peu..... imprudent en présence de faits positifs qui valent, sans doute, plus que des mots. Mais nous aimons à croire que l'auteur du défi ne connaissait pas le document que nous avons cité, et qui du reste n'avait pas encore paru dans la discussion.

Nous avons encore, au sujet de la réunion des biens à la couronne, sous l'Empire, à soumettre à l'appréciation publique une pièce des plus importantes, qui peut jeter quelque lumière sur le point qui nous occupe. Lors de l'abdication de l'Empereur, et avant son départ pour l'île d'Elbe, tous les monarques alliés qui avaient pensé que ce n'était pas trop d'une coalition universelle pour vaincre un seul homme, traitèrent avec lui de puissance à puissance, et témoignèrent, par le traité de 1814, du respect que leur imposait le héros des temps modernes. Le traité de Paris du 11 avril est, sous ce rapport, un monument précieux qui contient, en outre, des détails d'une haute importance relativement au domaine de la couronne et au principe de dévolution. Citons quelques articles de ce traité que nous trouvons, tout au long, dans l'histoire des guerres de 1813 et 1814 par le marquis de Londonderry :

« ART. 2. — LEURS MAJESTÉS l'empereur Napo-
« léon et l'IMPÉRATRICE Marie-Louise conservent ces
« titres et qualités pour en jouir leur vie durant. La
« mère, les frères, sœurs, neveux et nièces de l'Em-
« pereur conserveront également, partout où ils se
« trouveront, LE TITRE DE PRINCES DE SA FAMILLE.

« ART. 3. — L'île d'Elbe, ADOPTÉE par l'empe-
« reur Napoléon pour le lieu de son séjour, for-
« mera, sa vie durant, une principauté séparée
« qui sera possédée par lui EN TOUTE SOUVERAINETÉ
« et propriété. Il sera donné en outre, en toute pro-
« priété, à l'empereur Napoléon, un revenu annuel
« de 2 millions de francs en rentes *sur le grand*
« *livre de France*, dont 1 million réversible à
« l'Impératrice.

« ART. 4. — Toutes les puissances s'engagent à
« employer leurs bons offices pour faire respecter
« par les barbaresques LE PAVILLON et le territoire
« de l'île d'Elbe, et pour que, dans ses rapports

« avec les barbaresques, *elle soit assimilée à la « France.* »

Ne dirait-on pas, à voir un pareil traité, que l'Empereur, au lieu d'être vaincu, faisait partie des puissances alliées : et ces dernières ne prouvaient-elles pas qu'elles se trouvaient très heureuses d'en être quittes à si bon marché ?

Il y a encore d'autres articles qui renferment tous d'honorables et glorieux avantages garantis à l'Empereur et à tous les membres de sa famille ; nous jugeons inutile de les recueillir pour ne pas trop nous écarter de notre sujet ; mais le traité du 11 avril nous rappelle un trait de l'histoire d'Alexandre, dans sa campagne des Indes. Lorsque le géant Porus, roi de ces vastes contrées, vaincu sur les bords de l'Hydaspe par le grand Alexandre, comparut devant son vainqueur, l'illustre conquérant lui dit avec une apparente fierté : *Comment veux-tu que je te traite ?* Porus, plus fier encore, lui répondit : EN ROI. Alexandre, qui se connaissait en grands hommes, lui adressa ces paroles aussi dignes du vainqueur que du vaincu : *Eh bien ! sois toujours roi ; je te rends ton royaume.* Et les deux guerriers devinrent frères d'armes.

En 1814 les positions étaient interverties. Le moderne Alexandre avait subi son premier revers, et tous les monarques ensemble, qui le redoutaient encore, le traitaient EN ROI. Mais s'ils lui dirent : *Sois toujours empereur*, ils n'étaient point de taille à imiter la grandeur antique du jeune Macédonien, et à rendre l'Empire à son immortel fondateur.

Que lui importait? pour le reprendre il n'eut pas besoin d'eux...

Passons maintenant à la partie de ce traité qui concerne le domaine de la couronne :

« ART. 9.— Les propriétés que SA MAJESTÉ l'em-
« pereur Napoléon possède en France, soit comme
« *domaine extraordinaire*, SOIT COMME DOMAINE
« PRIVÉ, RESTERONT A LA COURONNE. Sur les fonds,
« placés par l'empereur Napoléon, soit sur le grand
« livre, soit sur la banque de France, soit sur les
« actions des forêts, soit de toute autre manière, *et*
« *dont* SA MAJESTÉ *fait l'abandon à la couronne*,
« il sera réservé un capital qui n'excédera pas

« 2 millions pour être employé en gratifications en « faveur de personnes qui seront portées sur l'état « que signera l'empereur Napoléon, et qui sera re- « mis au gouvernement français.

« ART. 10. — Tous les diamants de la couronne « resteront à la France.

« ART. — 11. L'empereur Napoléon fera verse- « ment au Trésor et aux autres caisses publiques de « toutes les sommes et effets qui auraient été dépla- « cés par ses ordres, à l'exception de la liste civile. »

Il résulte de ce qui précède, que la première Restauration traita l'Empire comme une véritable monarchie légitime, non-seulement par les témoignages de respect qu'on lui prodiguait, et en maintenant avec la plus grande déférence tous les titres impériaux, mais encore par la réunion qui fut stipulée des biens de l'Empereur au domaine de la couronne. La monarchie de 1814 voulut bien faire à l'Empire l'honneur de profiter et de son domaine extraordinaire, fruit de la conquête, et de son domaine privé. Tous les immeubles, tous les diamants, tous les joyaux, toutes les sommes, tous les effets devaient *faire retour au domaine de la couronne* qu'on enrichissait ainsi DE TOUTE LA FORTUNE IMPÉRIALE. Et l'on invoque l'Empire ! Mais l'Empire, le voilà qui répond par son sénatusconsulte de 1812, par ses réunions immenses de biens de toute espèce, nous irons même jusqu'à dire : par son sénatusconsulte de 1810 qui fait honte à la loi de 1832, puisqu'il consacre le principe de dévolution que la dynastie d'Orléans a répudié d'une manière absolue.

Enfin, après avoir recouru à l'Empire, dont l'exemple les a si peu favorisés, les jurisconsultes invoquent la Restauration qui, comme on va le voir, achèvera de ruiner leur système :

« En 1814, disent-ils, la Restauration vint *re-*
« *nouer la chaîne des temps*, comme le porte le
« préambule de la charte de Louis XVIII ; ce mo-
« narque s'asseoit sur le trône de ses pères, *en*
« *vertu du droit traditionnel*; et, PAR UNE CONSÉ-
« QUENCE INVINCIBLE, l'ancienne maxime sur le
« droit de réunion à la couronne des biens pri-
« vés du monarque, DOIT REPRENDRE SON AUTORITÉ

« IMMÉMORIALE. Aussi se trouve-t-elle consacrée « par l'art. 20 de la loi du 8 novembre 1814, « ainsi conçu : *Les biens particuliers du prince « qui parvient au trône sont, de plein droit, et « à l'instant même, réunis au domaine de l'État, « et l'effet de cette réunion est perpétuel et irré- « vocable* » (page 127).

Messieurs, asseyez-vous ; car, en vérité, vous ne pouvez faire un pas dans cette voie expiatoire, sans vous planter à chaque instant une épine dans les pieds.

Pour ne pas scinder notre argumentation sur ce point, nous allons rapprocher du passage que nous venons de transcrire le passage suivant, nécessaire pour la compléter :

« Faisons abstraction pour un moment de la do- « nation du 7 août, dont nous nous occuperons plus « tard ; raisonnons hypothétiquement, comme si « cette donation ne fût pas intervenue. Les biens « possédés à titre purement patrimonial par Louis- « Philippe, et qui sont les seuls dont il s'agit au- « jourd'hui, n'auraient pas été réunis au domaine

« de l'État; ils seraient restés sa propriété person-
« nelle, car on n'aurait pu appliquer ni l'édit de 1607,
« ni la loi du 22 novembre 1814, monuments et
« conséquences du droit traditionnel que la révo-
« lution de 1830 venait de briser. »

Voilà qui est fort clair. Vous posez en principe que le fait seul de l'avénement de la dynastie d'Orléans avait renversé, DE PLEIN DROIT, le principe de dévolution. Vous prétendez qu'en l'absence même de toute donation, les biens privés du monarque nouveau ne pouvaient pas subir l'effet de l'ancienne loi, et qu'ils seraient restés sa propriété, par une conséquence forcée, inévitable de la révolution de 1830.

Maintenant, rapprochons les deux époques et la conduite des deux gouvernements.

La Restauration, qui vint *renouer la chaîne du temps*, et fit revivre *le droit traditionnel*, la Restauration qui, *par une conséquence invincible*, devait redonner à l'ancienne maxime du droit de réunion *son autorité immémoriale* (c'est vous-mêmes qui dîtes tout cela) jugea indispensable de donner au principe qu'elle rapportait avec elle l'autorité d'une nouvelle loi, et pourtant, par le seul fait du rétablissement du trône de saint Louis, de Charles IX, de Henri IV et de Louis XIV, ce principe n'était-il pas reconstitué de plein droit? Est-ce que la monarchie de Louis XVIII, frère et successeur de Louis XVI, n'était pas la monarchie traditionnelle que certains même prétendaient n'avoir pas subi d'interruption? Le monarque de 1814 ne pouvait-il pas, dès lors, *se dispenser* de reproduire les lois de ses ancêtres, celles du moins qui étaient inséparables de la monarchie? Non. Louis XVIII pensa avec raison que les lois fondamentales qui caractérisent tout un système politique NE SE PRÉSUMENT PAS. Il comprit fort bien qu'après les lois de la République et de l'Empire, il fallait créer une législation explicite, positive, qui ne prêtât ni à l'équivoque ni aux malentendus; et, quoique le principe de dévolution dût être la conséquence *nécessaire, invincible*, de la Restauration elle-même, il le fixa de nouveau dans la loi de 1814.

Que fit au contraire la royauté de 1830, qui prétend s'être trouvée dans des conditions si différentes ? Voulut-elle qu'une loi positive vînt établir, lors de son avénement, une ligne précise de démarcation entre elle et la royauté déchue ? Non. ELLE ADOPTA LA LÉGISLATION DU SILENCE ! et cinq jurisconsultes se sont trouvés qui affirment qu'elle avait bien fait ! On a beau leur dire que d'un règne à l'autre une loi non abrogée est une loi subie ; n'importe ; ces messieurs prétendent qu'un notaire peut annuler, dans son grimoire, toutes les lois de la monarchie !..,..

Mais la Restauration elle-même se crut obligée d'avoir recours à la loi pour proclamer un principe EXISTANT DE PLEIN DROIT ; elle préféra commettre un pléonasme législatif que d'exposer ce principe à une fausse application ; comment donc ceux qui prétendent avoir détruit ce principe auraient-ils pu le faire sans l'intervention d'une nouvelle loi ? Comment peut-on dire que, dans l'hypothèse où la donation ne fût pas intervenue, Louis-Philippe n'aurait pas subi la loi de dévolution qu'il redoutait si fort ?

C'était toujours la monarchie française représentée par un Bourbon, descendant de Louis XIII, par un prince du sang, assis pendant quinze ans sur les marches du trône, et *acceptant* ce trône *comme vacant en droit.....*

On cite l'Empire ? Mais l'Empire, au sujet duquel on pourrait dire avec tant de raison : *lui, c'était différent !* l'Empire, lui-même, conserva, maintint et appliqua le principe de réunion. On cite la Restauration ? Mais elle-même ne se crut pas assez forte de son droit ressuscité, pour s'en rapporter au silence de la loi. Elle régla le droit domanial *législativement* et non pas *tacitement.* Ce droit, qui dut revivre de lui-même avec la monarchie, où il puisait sa source, trouva une double consécration dans l'essence du gouvernement restauré, d'abord, et plus particulièrement, dans les termes positifs d'une législation nouvelle qui était la copie littérale de celle de 1790.

Mais, quand il s'agit d'abroger une loi essentiellement monarchique, profondément implantée dans la tradition, celui qui continue la monarchie pourra dire que cette loi est abrogée *de plein droit*, parce qu'au lieu de *succéder* à Charles X, il l'aura *remplacé?* Cela est impossible, cela touche à l'absurde. Il n'y avait qu'une chose au monde qui pût anéantir de plein droit cette loi de l'antique monarchie : c'était la République. Dans ce cas, il n'y aurait pas eu d'équivoque; les biens du prince et leur réunion à la couronne n'auraient plus fait question, par la raison fort simple qu'il n'y aurait eu ni couronne ni prince.

Le silence ne suffisait donc pas au 9 août 1830 pour esquiver la loi de dévolution. Si le silence ne suffisait pas, il fallait une loi. Si la loi n'exista pas, la dévolution des biens de Louis-Philippe s'opéra de plein droit. Si cette dévolution s'opéra de plein droit, un clerc de notaire ne put pas l'empêcher avant, et une loi postérieure de deux ans ne put pas la détruire après, *car le droit inflexible voulait que cette réunion fût perpétuelle et irrévocable.*

Jurisconsultes, vous avez appelé l'Empire et la

Restauration à votre aide; voyez à quoi ils vous ont servi.

Pour environner la loi de 1832 d'une plus grande autorité et lui attribuer un caractère plus précis d'indépendance et de pureté, tous nos adversaires, sans en excepter un seul, ont cru faire merveille en disant que l'art. 22, confirmatif de la donation du 7 août, fut adopté par la chambre des députés, sur la proposition *d'un membre de l'opposition.* M. Berryer, dans son rapport de 1848, avait déjà signalé cette grande découverte :

« *Ce fut un des orateurs les plus ardents et les plus persévérants de l'opposition,* M. EUSÈBE SALVERTE, *qui proposa cette rédaction......* » (page 71).

M. Bocher, dans son mémoire, ne manque pas de profiter de la découverte de M. Berryer :

« *L'opposition elle-même, par l'organe de* M. DE SALVERTE, *se prononça pour qu'on laissât au roi son domaine privé....* » (page 10).

Les cinq jurisconsultes eux-mêmes, dans leur

consultation, ne dédaignent pas de nous donner une troisième édition du même argument :

« *Il importe de remarquer que l'art.* 22 *fut adopté sur la proposition d'un député de l'opposition,* M. EUSÈBE SALVERTE.... » (page 134).

Il paraît que ces messieurs tiennent beaucoup à ce que ce fait capital leur soit acquis, puisqu'ils prennent la peine de se le passer les uns aux autres et de nous le rappeler trois fois. Nous sommes vraiment affligé de venir détruire encore leurs illusions sur un point qui leur semble si important.

Il ne faut pas confondre toutes les oppositions dans une seule et même catégorie, car il y en a de plusieurs sortes. Le but que se proposait l'art. 22 lui-même, le plus important de toute la loi, et tout-à-fait à l'avantage de Louis-Philippe, est une preuve irréfragable que son auteur était un opposant peu dangereux, et pour caractériser d'une manière péremptoire l'opposition *persévérante* que faisait alors le fougueux tribun, nous allons extraire de l'importun *Moniteur*, ce monotone et hargneux vieillard dont l'infaillible mémoire redresse tant d'erreurs, quelques paroles prononcées par M. de Salverte lors de la discussion sur la liste civile :

« *Le respect pour la royauté constitutionnelle, le désir de l'affermir et de la rendre* INÉBRANLABLE *est un sentiment unanime dans cette chambre. Quand M. le président du conseil a exprimé ce sentiment, j'ai besoin de dire que si la voix de mes honorables amis et la mienne se sont fait entendre, c'est pour exprimer notre parfaite adhésion.......* »

Plus loin, il est encore plus explicite :

« *Entre l'ancienne dynastie et la royauté constitutionnelle, il n'y a aucun parallèle, aucune comparaison à établir. La royauté constitutionnelle brille de son propre éclat et de l'assentiment national ; elle est identifiée à la nation. La royauté de Charles X y était contraire.* »

Devant un pareil langage que conclura-t-on de l'opposition de M. Salverte, et à quoi peut-elle être utile aux adversaires? Cet orateur pouvait bien faire de l'opposition ministérielle, ce qui nous importe peu; nous savons ce que voulait dire cette guerre de *maroquins ;* mais, nous venons de nous en convaincre, M. Salverte, à coup sûr, ne faisait pas de l'opposition dynastique. Or la question était dynastique et nullement ministérielle.

On nous saura gré, peut-être, de ne pas nous traîner péniblement à la suite de toutes les phrases plus ou moins inutiles qui remplissent la défense adverse. Nous avons déjà dit que nous ne nous attacherions qu'aux objections qui paraîtraient avoir quelques rapports avec la discussion; mais nous devons-nous faire une loi de passer sous silence tout ce qui n'a aucune portée. Cette sage méthode abrégera considérablement notre travail.

Messieurs les jurisconsultes, à bout de moyens et de découvertes, se jettent dans le néologisme politique ; ils empruntent au langage de la basoche un terme qui se recommande à notre critique par son entière impropriété. Ils disent que la royauté de 1830 était *une royauté contractuelle!* Pourquoi? Parce que le droit de cette royauté et ceux de la nation étaient réglés, stipulés, soit par la déclaration du 7 août, soit par la loi de 1832, qui était aussi *une loi contractuelle!*

Nous nous rappelons, à ce propos, avoir déjà vu dans la *Gazette de France* un article si incisif de M. Marie Tiengou, l'un de ses féconds et spirituels rédacteurs, que nous tenons déjà cette monarchie contractuelle pour rudement châtiée sous la verge du ridicule. Mais il est de ces prétentions qui ont besoin d'être relevées plutôt deux fois qu'une, et puisqu'on a parlé le langage du droit, nous allons tâcher, à notre tour, de mettre ce langage à la portée de tout le monde, car il ne faut pas oublier que l'opinion publique n'est pas jurisconsulte, et de prouver, surtout, que le mot dont on s'est servi était, de tout point, inapplicable.

Que signifie, dans la langue judiciaire, l'adjectif *contractuel ?* Il exprime un droit, un avantage ou une convention résultant des termes d'un contrat. Dispensons-nous de citer des exemples; disons seulement que tout ce qui est *contractuel* est expressément, clairement et nominativement stipulé, et que nous ne connaissons pas encore de *droits contractuels* résultant du silence d'un contrat.

Eh ! bien, que nous dit-on ? Qu'il y eut, en 1830, des conditions posées entre la chambre des députés et Louis-Philippe ; que ce dernier fut élevé au trône moyennant l'acceptation de ces conditions, et que ces conditions furent stipulées soit dans la déclaration du 7 août, qui devint la charte nouvelle, soit dans la loi de 1832. M. Dupin disait à cette époque: *Vous avez mis vos conditions dans une charte; mais Louis-Philippe aurait pu dire : Je n'en veux point, et vous auriez cherché un roi ailleurs. De même que vous aviez le droit de faire vos conditions et de dire : Vous serez roi à ce titre, il avait le droit de vous dire : Je n'accepte point vos conditions* (page 58).

Comme on le voit, ce fut un marché, une couronne à l'encan, une affaire... mais il aurait bien pu arriver qu'on ne s'entendît pas et, dans ce cas, *on aurait cherché ailleurs.....*, tout comme on cherche ailleurs un maçon ou un charpentier qui n'accepte pas un forfait. D'après M. Dupin, les choses se seraient à peu près passées de la manière suivante :

« D. Monsieur, nous sommes à la recherche d'un « roi. Voudriez-vous bien nous en servir ? La « chose est très pressée.

« R. Cela dépend ; que me donnerez-vous ? A « quoi m'engagerai-je ?

« D. Voilà notre police. Elle s'appelle une Charte ; « si les clauses vous en conviennent, signez.

« R. Je n'y vois pas d'inconvénient ; touchez « là ; je suis votre homme. »

On veut, en un mot, que la couronne de France fût brocantée, marchandée comme un objet de bric à brac, ou débattue entre ces nobles et magnanimes personnages, comme une fourniture de marchandises ou un travail quelconque à la toise et au rabais !!!

Est-ce bien cela, grands hommes de 1830, illustres sauveurs de la patrie, preux chevaliers de la nouvelle France, hommes d'Etat géants qui deviez dépasser l'antique monarchie de toute *la hauteur de vos dédains ?...* Tenez, dans l'intérêt de tous, cessons cette triste raillerie, car la rougeur nous monte au front, notre cœur se soulève de dégoût, et il nous arrive parfois d'éprouver de la honte pour ceux qui en sont incapables.....

Quoi qu'il en soit, on prétend que la royauté de Louis-Philippe fut une royauté *contractuelle.* Nous ne repoussons pas, quant à nous, les royautés de cette espèce. Nous croyons même qu'en remontant aux causes, on finirait par découvrir que tous les gouvernements sont *contractuels ;* car, ils supposent un contrat primitif périodiquement renouvelé en république, ou indéfiniment sous-entendu en monarchie. La royauté de Charles X, à ce compte, était une royauté contractuelle, puisqu'elle procédait de celle de Hugues Capet qui accepta la couronne d'une assemblée délibérante. Il y eut aussi un contrat entre cette assemblée et le nouveau roi. Charles X était donc à Hugues Capet ce qu'aurait été le comte de Paris à Louis-Philippe, sauf la distance. Ainsi, que prétend-on avec la monarchie contractuelle, et où veut-on en venir ? On dit que la résolution du 7 août est le contract attributif de tous les droits et limitatif de toutes les charges de la royauté de 1830 ? Cela se peut ; mais dans ce cas, on nous fait la partie belle, car si l'on veut s'en tenir à ce contrat, tout ce qu'il n'aura pas prévu, spécifié, désigné, résolu, tombera dans le droit commun. Eh bien ! parcourez la charte de 1830 d'un bout à l'autre et dites-nous s'il y est une seule fois question du principe de dévolution ? Il n'y en est pas dit un mot ; donc, lorsque Louis-Philippe accepta les conditions qu'elle renfermait, le principe n'était pas détruit, et le roi qui ne fit pas ses réserves à ce sujet, dut forcément subir les conséquences d'une loi inhérente à la monarchie que l'on conservait, et subsistant toujours, puisqu'elle n'était pas nominativement abrogée.

Mais les adversaires ne l'entendent pas ainsi.

Veut-on savoir de quoi ils font résulter l'abrogation du principe de dévolution ? Justement du silence de la charte ! et pour qu'on n'en doute pas, lisons la consultation.

« Les conditions posées dans la résolution du « 7 août *n'ayant aucun rapport direct ni indirect « avec sa fortune privée*, ne pouvait-il pas, en « toute loyauté, n'accepter la couronne qu'après « avoir transmis à ses enfants la propriété de cette « fortune ?

« Quel tort faisait-il à l'État ? Aucun ; car l'État « n'avait jamais pu compter sur cette fortune. Il « n'avait pu y compter ni d'après le droit hérédi- « taire qui n'appelait pas le duc d'Orléans à la « royauté, ni d'après la résolution du 7 août, *puis- « qu'elle était tout-à-fait étrangère aux biens...»* (page 139).

Ainsi, c'est bien entendu : la déclaration de la chambre *n'ayant aucun rapport direct ni indirect avec les biens privés* de Louis-Philippe, cette déclaration *étant tout-à-fait étrangère* à sa fortune, il résulta de ce silence UN CONTRAT formel qui prononça l'abrogation de la loi monarchique, d'après laquelle les biens de Louis-Philippe étaient, DE PLEIN DROIT, réunis au domaine de l'État ! Messieurs les jurisconsultes auraient pu encore appeler cela : *un silence contractuel...*

Puisqu'on a posé la question de loyauté, voici comment nous la résoudrons :

Si le futur monarque s'était présenté à la chambre, sa donation à la main, et s'il eût dit aux députés : Vous n'ignorez pas, messieurs, qu'une loi de la monarchie française va me dessaisir à l'instant de mon patrimoine en faveur de l'État ; cette loi, je ne veux pas la subir ; le pacte que vous me proposez contient à ce sujet une lacune qu'il faut combler ; avant de m'honorer de vos suffrages, avant de m'élever sur ce trône glorieux qu'ont enrichi et illustré un si grand nombre de mes ancêtres, j'entends, je veux, j'exige que vous rayiez de nos lois le principe de dévolution. Sinon, non.....

Si Louis-Philippe, disons-nous, eût tenu ce langage, et si la chambre s'y fût conformée, oui alors, il y aurait eu entre eux un contrat explicite qui aurait résolu d'avance ou considérablement simplifié toutes difficultés. Tout cela n'était pas beau, mais enfin c'était franc, *c'était loyal.* Pourquoi ne l'a-t-on pas fait? Ce moyen-là eût même dispensé d'avoir recours à la donation, car le principe supprimé, on n'avait plus à s'occuper de l'éluder. On y eût de plus gagné les 7 ou 800,000 francs d'enregistrement que coûta l'acte du 7 août. Pourquoi Louis-Philippe, qui n'était pas prodigue, préféra-t-il pourtant adopter le moyen le plus dispendieux? Ah! soyons sûrs qu'il avait ses raisons. Il ne pouvait pas deviner comment seraient accueillies de pareilles ouvertures, et une pudeur bien louable, un juste pressentiment devait lui faire redouter le déplorable effet que ces anti-royales précautions eussent infailliblement produit sur l'opinion publique.

Enfin, on va jusqu'à se demander quel tort il faisait à l'État? Aucun, dit-on; *car l'État n'avait jamais pu compter sur cette fortune.....* Il faut évidemment que celui ou ceux qui ont rédigé cette consultation soient quelquefois sujets, nous ne dirons pas à des absences, mais du moins à de fort bizarres distractions. Comment, Louis-Philippe, en brisant à la fois l'ordre de succession et la loi de dévolution, n'a fait aucun tort à l'État? Mais si les princes légitimes fussent montés sur le trône, n'auraient-ils pas, d'après le vieux principe, réuni tous leurs biens au domaine de l'État? Louis-Philippe, en les *remplaçant*, sans bourse délier, a donc fait tort à l'État précisément de tous les biens dont l'eussent enrichi le duc d'Angoulême et le duc de Bordeaux. Le préjudice est patent, incontestable, et l'on ne conçoit pas que les défenseurs s'efforcent ainsi de désigner eux-mêmes tous les défauts de leur cuirasse. C'est y mettre vraiment trop de générosité.

SECONDE RAISON.

Comme on vient de le voir, la première raison invoquée par les jurisconsultes consiste à prétendre que le principe de dévolution était inapplicable, DE PLEIN DROIT, à la royauté de 1830. Nous croyons avoir prouvé jusqu'à l'évidence que cette prétention est insoutenable, et nous allons nous convaincre que cette première question étant résolue contre nos adversaires, les deux autres doivent tomber d'elles-mêmes et ne supportent pas l'examen.

Nous résumons ainsi la seconde raison qui nous est opposée :

En supposant pour un moment que l'ancienne loi de dévolution eût été applicable à Louis-Philippe, que la donation du 7 août eût été une précaution pour l'éluder, la réunion ne pouvait pas s'opérer, puisque les biens qu'elle aurait frappés n'étaient plus la propriété du roi. *Supposons*, disent les jurisconsultes, *que l'édit de* 1607 *et les lois de* 1790 *et de* 1814 *eussent été applicables à cette royauté contractuelle, les biens de Louis-Philippe n'auraient pas été réunis au domaine de l'État, puisqu'ils avaient cessé d'appartenir au nouveau roi deux jours avant son avénement au trône* (page 141.).

Nous ferons d'abord observer que ce moyen n'est autre chose que la solution de la question par la question. Nous voulons savoir si, malgré la donation, les biens de Louis-Philippe ont été réunis au domaine de l'État ; et les défenseurs répondent : Non, ils n'ont pas été réunis, puisque deux jours avant ils avaient été l'objet d'une donation. Mais il s'agit justement de savoir si cette donation a été valable ou si elle a été faite en fraude des droits de l'État. Oui, dit-on encore, elle fut valable, car le donateur n'était pas encore roi au moment où elle fut consommée !

S'il faut dire toute notre pensée, nous confesserons très sincèrement que nous n'espérions pas voir reparaître dans la consultation des cinq avocats éminents que nous avons l'honneur de combattre, une aussi triste argumentation. Nous la comprenions dans une première protestation rédigée *ab irato*, sous le coup de la stupeur et de l'irritation ; nous ne la comprenons plus dans un plaidoyer longuement médité, sérieusement réfléchi et signé de cinq noms recommandables... à moins que ces messieurs n'aient signé de confiance, sur la rédaction d'un confrère aveuglé par le zèle et le préjugé.

Comment ! encore cette pitoyable raison ? Louis-Philippe n'était pas roi le 7 août... L'heure, la minute n'avait pas encore sonné... Nous retournons donc à l'audience pour y subir une édition amplifiée des mêmes hérésies ? Comment ! on suppose le principe de la réunion en vigueur à cette époque, et après avoir admis l'hypothèse, on prétend que ce principe pouvait être éludé, anéanti, détruit par le prince deux jours, deux heures, cinq minutes avant de mettre le pied sur le trône et de porter la main sur le sceptre? Mais si un pareil droit avait jamais pu exister, il eût été la suppression radicale du principe lui-même. Tout roi légitime qui aurait voulu frauder la couronne, n'aurait eu qu'à ouvrir le Code civil, au titre *Des donations*, et à disposer de ses biens en faveur de n'importe qui, pourvu que ce ne fût pas en faveur de l'État. Il y a plus ; si l'on veut que Louis-Philippe ne fût encore au 7 août qu'un simple prince français, et qu'à ce titre il eût l'exercice de tous ses droits civils, il faut, de toute nécessité, admettre qu'il pouvait faire un testament au lieu de faire une donation. S'il a pu faire celle-ci, il eût pu faire celui-là, et il n'y a pas de raison dès lors pour que les dispositions testamentaires de Louis-Philippe ne dussent pas recevoir leur entière exécution. La difficulté que nous soulevons ici est d'autant plus grande, d'autant plus insurmontable, que nous raisonnons avec nos adversaires dans l'hypothèse où le vieux principe de dévolution eût été applicable à la royauté de 1830 comme à une royauté légitime. Car, ils ont dit : Supposons que le droit de réunion eût été applicable à Louis-Philippe, le seul fait de la donation a suffi pour empêcher d'avance cette réunion. Eh bien, nous le disons encore, celui qui, comme simple citoyen, a le droit de faire une donation, peut tout aussi bien faire un testament, et nous n'avons pas vu que le Code civil ait jamais mis au nombre de ceux qu'il déclare incapables de tester, les princes qui, dans quelques heures, vont être proclamés rois...

Eh bien, puisque l'on a confondu dans une même hypothèse les rois usurpateurs et les rois légitimes, nous demandons ce que serait devenu un testament fait par Henri IV, par exemple, ou par Charles X, deux jours avant de monter sur le trône? Pour soutenir sa validité on aurait pu dire qu'au moment où il a été fait, le testateur avait encore l'exercice de tous ses droits civils ; et c'est toujours à ce moment qu'on se reporte pour déterminer ses droits et sa capacité. Par voie de conséquence, les héritiers du roi auraient pu donc intenter une action en restitution des biens réunis au domaine, sous prétexte qu'un testament les leur attribuait, et que ce testament était antérieur à l'avénement de son royal auteur ?

Si la donation du 7 août a pu survivre au couronnement du 9, parce que cette donation était antérieure, tout testament antérieur aurait pu survivre aussi et annuler la réunion des biens au domaine de l'État. La conséquence est forcée, et pourtant tout cela est absurde. Pourquoi ? C'est que la prémisse n'est pas acceptable.

Faudra-t-il insister encore sur cette fastidieuse querelle : Louis-Philippe n'était pas roi dans la journée du 7 août ? Nous avons déjà dit dans notre première publication, qu'au point de vue du principe monarchique, cela nous importait peu. Était-il roi ? il ne pouvait plus donner. N'était-il pas roi ? il ne le pouvait pas davantage ; le principe dominait ici la personne, et il n'était pas plus permis au prince qu'au roi de se soustraire à son application.

Mais si l'on veut absolument déterminer le titre en vertu duquel Louis-Philippe fit la donation, ce titre se dessine en relief dans les termes de la donation elle-même. Il n'est pas un seul des publicistes qui ont pris part à la discussion, à qui cette remarque ait échappé. Pourquoi le fils aîné du roi était-il exclu des libéralités contenues dans l'acte du 7 août? Pourquoi celui qui dans des situations ordinaires est le plus souvent avantagé, se voit-il dans celle-ci complètement déshérité? Parce qu'il était l'héritier présomptif de la couronne. Il était sous-entendu dans la donation comme fils aîné DU ROI, comme héritier présomptif de la couronne et non pas comme fils DE PRINCE. Et les enfants de Louis-Philippe, qui demandent aujourd'hui le maintien de la donation, sont nécessairement forcés de la déchirer eux-mêmes, s'ils veulent que le comte de Paris recueille une portion quelconque de l'héritage paternel, puisque le comte de Paris et son père sont exclus de la donation du 7 août. Ce n'était donc pas comme prince, agissant dans les circonstances ordinaires de sa vie passée, ou dans la limite de ses droits de citoyen, que le duc d'Orléans, lieutenant-général du royaume, ou déjà proclamé roi des Français par la chambre, dépouilla son fils aîné en faveur de ses puînés. Il ne s'agit pas de supputer des heures pour établir à quel moment a commencé la royauté, ou l'exercice actif de la royauté. Il s'agit seulement de déterminer les circonstances dans lesquelles s'accomplit la donation, et surtout le but évident que se proposait cet acte frauduleux. Si la révolution de 1830 n'était pas survenue, si le choix de la chambre n'avait pas dû se porter sur Louis-Philippe, nous le demandons, celui-ci aurait-il fait une donation de ses biens à ses enfants? Non; parce que le mobile et le but n'en auraient pas existé. Cette donation n'a donc été consommée qu'en vue de la royauté qui devait la suivre ou qui l'accompagnait, et pour paralyser d'avance le droit de réunion ou de dévolution, dont on reconnaissait par cela même l'existence légale et l'imminente menace.

Il est enfin une objection qui a excité notre étonnement au plus suprême degré ; car elle touche aux dernières limites de l'ingénuité. Nous ne savons si ce que nous allons dire blessera nos adversaires ; dans tous les cas nous nous empressons de les prévenir que telle n'est pas notre intention, et que nous serions vivement affligé d'être aussi mal compris. Mais nous avons maintenant la conviction intime que quelques-uns d'entre eux ont signé la consultation sans même l'avoir lue.

Qu'on en juge :

« Supposons que l'ancienne législation eût été « applicable aux biens de Louis-Philippe, l'État « en serait aujourd'hui propriétaire ; mais cette « propriété ne serait-elle pas un de ces droits qui « blessent l'équité, et qui révoltent la conscience ?

« Quoi ! ces biens n'auraient été dévolus à l'État « qu'en conséquence et en considération de la « création d'une royauté établie à *perpétuité* en « faveur de Louis-Philippe et de ses *descendants*

« *de mâle en mâle, par ordre de primogéniture,*
« et la France, après avoir brisé cette royauté, du
« vivant même de Louis-Philippe, retiendrait ces
« mêmes biens sans respect pour sa propre dignité,
« et pour l'esprit du pacte en vertu duquel ils lui
« auraient été transmis ! Elle aurait détruit la
« cause de la réunion, et elle en conserverait le
« bénéfice !... » (page 140).

Comment ceux qui ont signé cela ne se sont-ils pas aperçus qu'en raisonnant ainsi on supprime, on abolit, on raie d'un trait de plume, le domaine de l'État tout entier? Il ne peut pas y avoir deux justices dans le monde, l'une impitoyable et absolue comme le destin, appliquée à la descendance légitime des rois de France ; l'autre, anodine, doucereuse, calmante, édulcorée, à l'usage exclusif d'une dynastie usurpatrice, et spécialement inventée pour elle. Si la restitution des biens *irrévocablement* réunis au domaine de l'État doit s'effectuer en faveur de Louis-Philippe ou de ses héritiers pour cause de révolution, qu'on nous dise pourquoi, sous quel prétexte, cette restitution ne s'effectuerait pas en faveur du duc de Bordeaux? Pourquoi ce prince ne serait-il pas admis à réclamer la restitution de tout ce que ses aïeux ont rapporté à l'État depuis Charles X jusqu'à Hugues Capet? Car, en ligne directe, il n'y a pas de bornes au droit de succession. Nos adversaires ne peuvent pas échapper à cette conséquence forcée de leur prétention; il n'y a pas à tergiverser. Si la révolution de 1848 avait dû ouvrir à Louis-Philippe ou à ses descendants une action en restitution de ses biens, dans le cas où il les eût rapportés; celle de 1830, et surtout celle de 1792, doivent, à plus forte raison, avoir donné les mêmes droits au descendant des rois que ces deux révolutions ont détrônés? Et nous ajoutons que si un pouvoir quelconque annulait les décrets du 22 janvier sur un semblable considérant, cette annulation serait la consécration formelle, incontestable des droits du duc de Bordeaux sur tous les biens que sa ligne ascendante a réunis au domaine de l'État. Si l'on invoque contre lui l'irrévocabilité de cette réunion, il faudra l'appliquer aussi aux descendants de Louis-

Philippe ; à moins de prétendre que la légitimité doit être plus sévèrement traitée que l'usurpation. Eh quoi ! dirons-nous aussi, la France n'a-t-elle pas conservé, même après plusieurs révolutions, le bénéfice des rapports successifs de tous ses rois ? Bien plus, jamais un membre de la branche aînée est-il descendu jusqu'à demander à la France le prix du sang ou de l'exil ?

D'un autre côté, si l'on veut ainsi renverser les situations, il faudra que l'État puisse réclamer aussi aux dynasties déchues la restitution des listes civiles et des dotations ? Pourquoi pas ? L'un n'est pas plus absurde que l'autre. Si la liste civile était destinée à subvenir annuellement aux dépenses présumées de la royauté, la dévolution des biens était la compensation de l'honneur suprême, en même temps que le symbole de l'identification et du dévoûment. Viennent les révolutions, c'est-à-dire ces ouragans sociaux qui déplacent, transforment, et quelquefois purifient ; eh bien ! alors, faudra-t-il que chacun fasse son compte, et qu'un tribunal saisi de la contestation ***compense les dépens*** entre la nation et la royauté ?

Qu'on cesse donc d'invoquer la rupture des contrats ; car il faudrait encore examiner, rechercher et juger PAR LA FAUTE DE QUI le contrat a été rompu, quel est celui qui, le premier, a violé ses engagements, et peut-être alors verrions-nous quelquefois de royaux plaideurs condamnés à des dommages-intérêts.

Nous ne sachons pas que lorsque la dynastie d'Orléans monta sur le trône, elle ait jamais proposé à la branche aînée, sa victime, la restitution des biens qui lui avaient appartenu. Bien loin de là, cette royauté de circonstance ne fit jamais le moindre sacrifice et se montra insatiable, car, après avoir conservé ses apanages, son domaine privé, sa liste civile, ses dotations, elle demandait plus encore et demandait toujours !.... Son infatigable avocat s'écriait à tout propos : Plus de seigneurs, plus de fiefs, plus de vassaux, plus de faste monarchique, plus de courtisans, plus du passé !.... Brisons tout cela, rompons la chaîne des traditions surannées.... Et pourtant l'austère novateur disait dans son rapport à la Chambre que la liste civile devait être *magnifiquement dotée*! Il faisait des efforts herculéens pour jeter partout son immense filet; il se faisait le porte-voix de toutes les exigences de la royauté bourgeoise; il se multipliait pour défendre pied à pied le terrain que lui disputaient les orateurs indépendants.... de sorte qu'on voyait poindre déjà tout un système de royales magnificences que le roi citoyen devait bientôt substituer à son modeste parapluie!

Et aujourd'hui les princes d'Orléans se refuseraient aux sacrifices inséparables de la couronne? Qu'ils prennent exemple sur leurs aînés, qu'ils se rendent respectables par leur infortune dignement et noblement subie; qu'ils soient surtout bien convaincus que la France, en les plaignant comme proscrits, n'a pas besoin d'eux comme prétendants.

TROISIÈME RAISON.

Les honorables jurisconsultes invoquent enfin une troisième raison, dont ils se sont étrangement exagéré l'importance. Nous jugeons inutile de nous y appesantir, parce qu'elle porte à faux, et que, d'ailleurs, elle se trouve annihilée d'avance par la réfutation des deux autres. De quoi s'agit-il, en effet? de savoir si la donation du 7 août 1830 est valable ou nulle. Tel est l'objet unique de nos discussions. Tout ce qui a pu se passer postérieurement à cette date n'a dû exercer aucune influence sur la solution de la question. Et pourtant, les adversaires, déplaçant le débat, voudraient aujourd'hui enchaîner les lois et les actes de 1830 par des actes postérieurs. Ils rappellent le décret du 25 octobre 1848, qui repoussa la proposition de M. Jules Favre. Ils rappellent le rapport de M. Berryer qui combattait cette proposition. Ils rappellent, enfin, des contrats de mariage, des ventes, des testaments intervenus depuis la donation, et ils tirent de ces divers actes la conclusion par trop exorbitante que la donation doit être respectée. Nous avons déjà dit qu'il ne fallait se préoccuper ni du rapport de M. Berryer, ni du vote qui le suivit, parce que les circonstances au milieu desquelles ils se produisirent et les motifs qui les dictèrent durent nécessairement amoindrir leur portée. D'ailleurs, nous le répétons, le débat se passe entre la donation du 7 août et le décret du 22 janvier. Si l'une fut frauduleuse et consommée en violation des lois, l'autre est forçément légitime, puisqu'il est la réparation de cette violation, et peu nous importent alors les appréciations de telle assemblée basées sur les sophismes de tel ou tel parti. Si nous avons prouvé que le principe de dévolution était applicable à Louis-Philippe, comme il l'eût été au comte de Chambord, à quoi servira, nous le demandons, le décret du 25 octobre 1848, voire même le rapport de M. Berryer? La validité ou la nullité de la donation doit se déterminer d'une manière absolue; elles n'ont rien à emprunter ni l'une ni l'autre, soit aux événements ultérieurs, soit aux lois d'une autre époque, soit aux arrêts ambulatoires des scrutins. S'il y a eu dévolution de plein droit, la donation a eu tort, quoi qu'on dise et quoi qu'on fasse. Si, au contraire, ce principe monarchique a été *supprimé de plein droit,* parce que Pierre a régné à la place de Paul, c'est le décret qui a eu tort, quelles qu'en soient les causes et quel qu'en soit le but. Qu'on nous prouve qu'une loi inhérente à la monarchie des Bourbons doit être abrogée, révoquée *de plano*, par cela seul qu'un Bourbon a supplanté un autre Bourbon, à la faveur de la stupide distinction du *quoique* et du *parce que;* qu'on nous prouve qu'un clerc de notaire a pu juger souverainement et en dernier ressort, contre l'État, une grande question de droit public, malgré les dispositions impératives d'une loi toujours existante, et qui l'avait depuis plus de mille ans résolue constamment en faveur de l'État; qu'on nous prouve que là où le système monarchique a été continué par un membre de la famille régnante, sous prétexte que le trône *est vacant en fait en droit, et qu'il est indispensable d'y pourvoir*, qu'on nous prouve que, là, une loi fondamentale de la monarchie a dû tomber d'elle-même pour frustrer l'État et récompenser la trahison ; qu'on nous prouve que le Bourbon couronné en 1830 n'a pas lui-même reconnu expressément et ostensiblement l'existence de cette loi par les soins actifs, dispendieux et précipités qu'il a mis à l'enfreindre ou à l'éluder ; qu'on nous prouve que la réunion de ses biens à la couronne a été arrêtée, paralysée par la suppression de la couronne et de la royauté ; qu'on nous prouve qu'il fut proclamé président de république et non pas roi ; qu'on nous prouve qu'une donation qui déshérite un fils aîné en faveur de tous les puînés, parce que le trône doit être son partage, est un acte purement civil, consenti par un simple citoyen, et non pas une *royale* précaution, consommée en vue du principe de dévolution ; qu'on nous prouve que les héritiers eux-mêmes de Louis-Philippe ne seraient pas forcés de déchirer la donation et de l'anéantir, pour faire concourir le comte de Paris au partage de la succession dont cet acte avait exclu son père ; qu'on nous prouve que ce grand principe de la monarchie française se compose d'éléments féodaux, comme on l'a prétendu, et doit, par conséquent, avoir suivi le sort de la féodalité ; qu'on nous prouve que la loi du 4 août 1789 ne contient pas ces mots : *L'Assemblée nationale* DÉTRUIT ENTIÈREMENT *le régime féodal......* qu'on nous prouve que la loi postérieure du 22 novembre 1790 ne conserve pas formellement et DE PLEIN DROIT la loi de réunion ; qu'on nous prouve qu'après la destruction irrévocable du régime féodal, les lois postérieures qui sont intervenues pour maintenir le principe de dévolution et lui donner une nouvelle vie, ont pourtant considéré ce principe comme entaché de féodalité, alors que des lois spéciales détruisaient celle-ci en conservant celui-là ; qu'on nous prouve qu'un avénement qui, de l'aveu des défenseurs eux-mêmes, a eu pour effet immédiat d'opérer DE PLEIN DROIT le retour à la couronne des apanages d'Orléans, n'a pas dû, par la même raison et en vertu du même principe, opérer la dévolution des biens particuliers ; qu'on nous prouve que tandis que les apanages furent dévolus DE PLEIN DROIT à l'État, les biens particuliers furent DE PLEIN DROIT affranchis de la même loi ; qu'on nous prouve qu'en montant sur le trône, Louis-Philippe eut le pouvoir de partager cette loi en deux, pour en subir une portion et répudier l'autre ; qu'on nous prouve, enfin, que la réunion des biens une fois consommée par la puissance de la loi, ces biens ont pu en être distraits, comme un fleuve qui déjà confondu avec les flots de l'Océan reprendrait son tribut pour remonter vers sa source.... que les défenseurs des princes d'Orléans nous prouvent tout cela, si c'est en leur pouvoir, qu'ils accomplissent cette rude tâche, et le décret du 22 janvier ne comptera plus que des adversaires, sans en excepter même son auteur qui, en le rapportant, prouverait, comme il l'a déjà fait, qu'il entend toujours la voix de la justice et de l'opinion.

Nous n'ajouterons plus qu'un mot au sujet du gouvernement provisoire : S'il eût adopté cette mesure nationale, elle eût été le complément naturel de la révolution de février, et n'aurait certainement pas rencontré la répugnance que souleva l'impôt des 45 centimes.

Quant aux contrats de mariage, aux aliénations et aux testaments qui ont suivi la donation du 7 août, ce n'est pas sérieusement qu'on les a invoqués. Il arrive tous les jours que les tribunaux en matière ordinaire détruisent, annullent, réduisent ou modifient des actes de cette nature, selon qu'ils ont été une atteinte, soit aux lois en vigueur, soit aux droits des tiers. La constitution dotale d'un enfant naturel reconnu est réduite, si le chiffre dépasse la limite de ce qui lui est attribué par la loi. Un testament est annulé s'il y a eu captation ou violence; il est modifié s'il outrepasse la quotité disponible, ou s'il méconnaît les droits des héritiers à réserve; une vente est rescindée s'il y a lésion ou cas rédhibitoire; en un mot, il n'est pas un seul acte de la vie civile qui ne soit subordonné au respect absolu de toutes les lois qui le régissent, et ce principe éminemment social, inévitable, lorsqu'il s'applique à de simples citoyens, devra subir une exception lorsqu'il s'applique à des princes? L'acte du 7 août, violateur des lois de la monarchie, devra être respecté parce que son annulation détruirait l'harmonie des testaments combinés de Louis-Philippe et de la princesse Adélaïde ?

Cela n'est pas sérieux. Mais pour des esprits superficiels ou aveuglés, cela peut sembler rationnel. Bien des gens se passionnent pour les intérêts froissés d'une famille opulente, qui ne les connaît pas et ne s'en soucie guère, et sont incapables de se passionner pour des infortunes qu'ils coudoient tous les jours sans songer à les secourir. Des ouvriers sans travail, des femmes souffreteuses, des enfants demi-nus, des familles entières sans pain et sans asile ; toutes ces poignantes douleurs, ces dévorantes angoisses qui accusent les vices incurables d'une société corrompue, enfantent l'athéisme, provoquent le blasphème et sont les pourvoyeurs infatigables de l'immonde hôpital, de la morgue funèbre ou du sanglant échafaud : tout cela est normal, nécessaire, indispensable à l'oisiveté luxueuse des heureux du siècle; tout cela est juste et dans les décrets de Dieu!... Honte et malheur à qui voudrait y porter remède!... Mais s'il s'agit de forcer une famille trois cents fois millionnaire à se conformer aux lois de son pays, ces nobles cœurs s'insurgent, ces honnêtes consciences se révoltent, et jugent avec leurs passions, sans y rien comprendre, une des plus graves questions qui puissent s'offrir à l'étude impartiale, à l'examen approfondi des publicistes et des hommes de loi!

L'un des plus grands dangers que se soit créés la Restauration est, sans contredit, sa fatale complaisance pour une famille qui ne devait pas tarder à l'en faire repentir. Craignons que l'intérêt ou l'engoûment outré dont les princes d'Orléans pourraient encore être l'objet ne soit pour la France le danger de l'avenir.

Opinion du tribunal de la Seine sur le principe de dévolution.

Les défenseurs de la maison d'Orléans demandent des juges? Nous allons leur en donner. Il y a vingt ans que le tribunal de Paris a condamné la donation du 7 août, dans l'affaire tristement célèbre du testament du duc de Bourbon. La décision qu'il rendit à ce sujet en février 1832 se base, entre autres, sur un considérant précieux que nous avons jugé à propos de recueillir avec soin, parce qu'il y a vraiment quelque chose de providentiel dans cette appréciation directe du principe de dévolution proclamée par la justice elle-même à l'époque où ce principe était, dans le sein des Chambres, l'objet des discussions les plus longues et les plus animées.

Il était prétendu au nom des princes de Rohan (et pour quiconque a suivi toutes les phases de ce procès, cette allégation était fort excusable), il était prétendu que le prince de Condé avait été victime, non d'un ignoble suicide dont la pensée était empruntée au gibet, mais du plus lâche assassinat ! Et, relativement au testament, qu'il y avait eu violence et captation de la part de madame de Feuchère dont le caractère et la vie passée n'excluaient pas absolument toutes les graves imputations qu'elle eut à subir. Voici l'un des motifs pour lesquels le tribunal de la Seine donna gain de cause au légataire universel :

« *Attendu que le choix de l'héritier semblait devoir être déterminé par de hautes convenances politiques; que l'institution de l'un des princes de la maison d'Orléans était le seul moyen de conserver l'héritage du duc de Bourbon dans la famille royale, puisque tous les princes de la branche aînée étaient alors appelés à succéder à la couronne*, VOCATION INCOMPATIBLE AVEC LA CONSERVATION D'UN PATRIMOINE PARTICULIER. »

Ces expressions formelles ne peuvent donner lieu à deux interprétations diverses; elles sont générales et absolues; elles ne font pas de distinction entre un trône légitime et un trône usurpé; elles déclarent le fait de ceindre la couronne incompatible avec la conservation d'un patrimoine particulier, et le mot succéder s'applique évidemment à toutes les éventualités monarchiques, puisqu'il n'existe aucun rapport entre la réunion des biens et un mode spécial de couronnement. Le tribunal de la Seine eût d'autant moins négligé de faire cette distinction, si elle eût été dans sa pensée, que les circonstances au milieu desquelles intervint son jugement lui en faisaient pour ainsi dire une nécessité; car l'avénement de Louis-Philippe et la discussion de la liste civile auraient été pour les magistrats une occasion impérieuse d'établir une ligne précise de séparation entre ses devoirs royaux et ses intérêts privés.

Maintenant, la lumière est faite, le public est éclairé, l'importante mesure du 22 janvier a reçu sa complète justification, malgré le jugement du tribunal de la Seine qui, contre l'attente et l'opinion générales, vient de se déclarer compétent; malgré même l'interprétation malveillante que quelques esprits haineux ou intéressés se sont efforcés d'y attacher; car, qu'on ne s'y trompe pas, ce jugement qui a nécessité un conflit d'attributions, puisqu'il réserve à un tribunal civil la connaissance d'un acte de haute administration basé sur le mépris et la violation d'un principe de droit public, ce jugement, disons-nous, ne préjuge en rien le fond du procès. Le conflit a été la conséquence nécessaire du déclinatoire, mais il n'implique ni la méfiance ni le soupçon dont la seule pensée serait un outrage aussi injuste que superflu. Le seul but de ce rare incident est de surveiller la limite des compétences pour éviter la confusion des juridictions. Envisagée sous ce point de vue, et il ne peut y en avoir d'autres, la mesure du conflit est d'ordre public; elle était inévitable, et l'on ne comprend pas le scandale dont on a eu l'impudence d'adresser l'injure à la justice à l'occasion d'un excès de pouvoir. Oui, une sorte de claque organisée, transformant le prétoire en parterre de théâtre, s'est arrogé un droit qu'on achète ordinairement à la porte... et dans quel moment ont-ils fait honneur à la maison d'Orléans de cette manifestation plus que suspecte? Alors que cette noble famille venait d'invoquer contre l'État, par l'organe de son illustre défenseur, quoi? la prescription!... Le moyen, vraiment, est digne de semblables plaideurs, et nous savons tous à quelle espèce de consciences ce moyen-là profite. Il ne leur manquait plus que cette honte, et nous aurons, désormais, le droit de leur demander si des hommes qui ont l'impudeur de vouloir prescrire contre la France auraient encore, par hasard, la prétention de la gouverner?

Qu'ils en appellent aux principes du droit public, ou a des textes de lois; qu'ils en appellent à la discussion en plein jour, à la publicité de la presse ou de l'audience pour produire leurs preuves de patriotisme et de loyauté, c'est à merveille, on comprend cela. Mais demander fastueusement des juges pour recourir au moyen suspect, à la ressource flétrie des possesseurs de mauvaise foi! Quelle démence! quelle funeste inspiration! Il est des hommes qui, sans être princes, eussent préféré s'appliquer ces paroles célèbres : *Tout est perdu fors l'honneur!* Mais après une défense aussi compromettante, c'est plus que jamais le cas de répéter et de maintenir ces mots qui nous servent de frontispice :

ILS SONT JUGÉS!

Qu'est-ce que la fusion?

Y aura-t-il fusion, ou bien n'y en aura-t-il pas? Le duc d'Aumale ira-t-il à Frohsdorff, ou bien n'ira-t-il pas? La branche cadette, jusqu'à ce jour si indisciplinée, redressera-t-elle ses allures révolutionnaires et se rapprochera-t-elle de la branche aînée? Ou bien encore l'antique souche bourbonnienne se dérangera-t-elle pour aller à la recherche des sauvageons orléanistes?

Telles sont les hautes questions qui occupent encore les loisirs de quelques inconsolables; telle est la thèse médicale que s'obstinent à développer quelques empiriques à seconde vue qui plongent leurs regards de somnambules dans le passé, le prenant pour l'avenir, et ne s'aperçoivent pas le moins du monde que leurs prophétiques accents s'évaporent dans une atmosphère sans écho....

Oui, voilà ce que nous sommes encore forcés d'entendre : *On s'est vu, on ne s'est pas vu; je vous l'affirme, vous vous trompez ; la fusion se prépare; ce n'est pas clair ; elle est consommée ; c'est une erreur ; un journal le confirme; dix autres le démentent; et la princesse Mecklem-bourgeoise veut bien permettre maintenant qu'on parle devant elle de cette* INDISPENSABLE COMBINAISON....

Oui, vraiment? Et qu'est-ce que tout cela nous fait? Quel intérêt la France a-t-elle à ce que tel duc de la maison d'Orléans reconnaisse ou ne reconnaisse pas la priorité des droits de Henri V sur ceux du comte de Paris? D'abord ces messieurs sont trop bons fils pour confesser jamais les erreurs de leur père; et cette confession ressortirait implicitement de toute espèce de fusion qui ne placerait pas le comte de Chambord dans les antichambres de Claremont. Et puis, s'il plaît aux cadets de se figurer que la France ne peut pas se passer d'eux, il doit nécessairement leur en coûter de renoncer à toute éventualité restauratrice, en faveur de celui qui est pour eux une éternelle pierre d'achoppement. Quoi qu'il en soit, on s'agite beaucoup, si ce n'est pour enfanter la chose, du moins pour répéter le mot à satiété, pour le tenir suspendu comme une épée de Damoclès, et l'offrir comme un effrayant fantôme aux soucieuses insomnies du pouvoir !....

Vous allez fusionner, messeigneurs? Prenez-en à votre aise; cela nous est égal. Ne fusionnez-vous pas? Tant pis pour ceux qui aiment à rire, et tant mieux pour la morale publique depuis trop longtemps offensée par cette comédie sans fin. Si les affections de famille, si l'élan des cœurs, si, enfin, de nobles et généreux sentiments présidaient à cette ridicule stratégie, la fusion serait accomplie, des larmes de joie et de regret se seraient déjà confondues, et Frohsdorff compterait aujourd'hui une auguste famille de plus.

Mais est-ce qu'il y a dans toute cette intrigue une seule parcelle *d'or pur?* Est-ce qu'il y a là pour deux sous de grandeur, de franchise et de loyauté? Est-ce que la séparation persistante des deux maisons n'est pas la preuve éclatante de leur hostilité réciproque et des arrière-pensées qui les divisent? Bruit de canaille ne dure pas longtemps, dit le proverbe populaire. Ici, ce n'est pas le cas, tant s'en faut, et les nobles ennemis sont de trop haute lignée pour consentir jamais à un rapprochement.

Il y a pourtant un parti hermaphrodite qui rêve la fusion et sature le public de ses nouvelles controuvées. C'est lui qui manipule la matière et combine tous les éléments. Une réconciliation suppose une entrevue. Qui fera le premier pas? Personne. N'importe; l'entrevue a lieu.... sur le papier; on la publie, on la répand, et l'on apprend le lendemain qu'aucun des princes n'a bougé de chez lui.

Encore une. Adoption du comte de Paris par le duc de Bordeaux. Que pensez-vous de celle-là? Ceci paraît plus profond parce que c'est plus bête. Raison de plus pour semer l'idée. Une grosse bêtise trouve toujours un terrain où elle est sûre de germer. Cette idée germera. Partez, mensonge! Épanouissez-vous devant tous les badauds, ébahissez tous les niais, installez-vous chez les concierges, et soyez bienvenu de toutes les commères de faubourg. Les grandes vérités courent les rues....

Mais, écoutez; quel est ce bruit? Rumeur étrange! Chose incroyable!.... Qu'y a-t-il donc? Une grossesse!!! Malédiction! C'est impossible! Le compliment n'est pas flatteur. Mais c'est qu'en vérité il ne nous manquerait plus que cela pour ressembler à une famille de Tantales! et penser que Louis XIV, notre grand-oncle, vint au monde après vingt-deux ans de stérilité pour régner près de trois quarts de siècle ! Si cette plaisanterie allait se renouveler ? Non, non, c'est une fable qui ne peut pas dégénérer en histoire. Fusion et adoption, à la bonne heure ! Voilà qui est certain, authentique, accompli. Mais une grossesse ! Allons donc ! Il y a de quoi se sentir horripilé ! C'est un affreux canard qui donne la chair de poule !!!....

Cela est fort intéressant, il faut en convenir, et nous ne contestons à personne le droit de s'en amuser.

Mais si l'on veut savoir quelle est la moralité de la fusion telle que l'ont imaginée ses inventeurs, qu'on écoute l'apologue suivant ; il est la traduction littérale et rigoureusement exacte des sublimes conceptions de nos habiles fusionnistes.

Apologue.

—

Une famille est en possession immémoriale d'un château. Cette famille a de respectables parents qui convoitent de longue date le château avec toutes ses *appartenances* et *dépendances*, comme disent les notaires. Un beau matin, le chef des parents convoiteurs tue le maître de la maison convoitée, sous prétexte d'intérêt public. Mais quelques forcenés incrédules soupçonnent le meurtrier d'avoir voulu succéder à sa victime, et bravement ils lui coupent le cou.

Qu'arrive-t-il plus tard? Après des péripéties terribles trop longues à raconter, et à la suite d'une assez longue absence, les parents du victimé rentrent en possession de l'*héritage de leurs pères*, et pardonnent si loyalement le crime du meurtrier à ses descendants, qu'ils les reçoivent tous aux Tuileries (c'est le nom du château) et joignent à la plus généreuse hospitalité force richesses et honneurs. Il y avait dans ce procédé, n'est-ce pas, une grandeur antique capable de désarmer les plus ardentes convoitises, les plus vivaces inimitiés ? Non. C'était l'histoire de la paix conclue entre les loups et les brebis. La haine s'en accrut et l'appétit vint en mangeant. Le descendant du meurtrier, fidèle aux traditions de son père, et trouvant le château à son gré, s'en empare un beau jour, sous prétexte d'intérêt public; chasse ses bienfaiteurs, femmes, enfants et vieillards, *à perpétuité*, recueille un tout petit héritage de soixante millions, au moyen d'un testament extorqué à un parent que l'on trouve un matin *suspendu* à la fenêtre, après avoir reçu la mort dans son lit ; emprisonne et affiche publiquement sa nièce, poursuit de sa haine et de sa vengeance les amis fidèles de ceux qu'il a chassés et dépouillés, les fait *flétrir* par ses valets, et du haut de sa puissance usurpée, complote à la sourdine de riches mariages pour sa nombreuse progéniture.

Mais si Dieu est patient parce qu'il est éternel, il est

juste parce qu'il est Dieu. Le peuple est chargé un jour d'exécuter l'arrêt de sa justice. Cette famille impie fut chassée à son tour d'un patrimoine qui n'était pas le sien, et ses membres se dispersèrent sans trouver sur leur passage un bras pour les défendre, un dévoûment pour les consoler, une larme pour les plaindre, ni un cœur pour s'associer à leur lamentable et trop juste infortune !...

Si bien que le château en question n'appartient plus ni aux uns, ni aux autres.

Et maintenant, s'il faut en croire quelques amis qui se prétendent bien renseignés, les spoliateurs et les spoliés se tiendraient le langage que voici :

Eh bien ! chers parents, nous voilà tous dehors ! *Quid juris ?* à qui le château ? Puisque le malheur s'est chargé de nous réunir, oublions les enfantillages du passé; un voile ici, une éponge là... unissons nos efforts, et dussions-nous nous réconcilier, il faut rentrer, morbleu ! rentrer tous à la fois, il ne s'agit plus que de savoir par quelle porte.....

Nous, légitimes, dont les droits se perdent dans la nuit des temps, nous devons rentrer les premiers, vous en conviendrez. Si vous voulez nous aider, dans l'intérêt public, bien entendu, nous vous donnerons encore place au feu et à la bougie, *un pavillon* distinct, une portion du *domaine*, et, par-dessus le marché, le pardon des injures, l'oubli chrétien. Qu'en pensez-vous? là, franchement, hommes sincères, parents éprouvés, gens de parole et d'honneur, pouvons-nous compter sur votre *loyal concours?*

Ceci, disent les autres, demande réflexion; c'est une question grave...; il faudra voir; nous ne disons ni oui, ni non. Mais s'il nous était permis de hasarder une humble observation, avec tout le respect que nous devons à nos très chers aînés, n'aurions-nous pas aussi quelques semblants de droits à faire valoir? Vous êtes, sans doute, les successeurs de vos pères; mais ne sommes-nous pas les successeurs du nôtre? Votre possession se perd dans la nuit des temps, c'est vrai; mais nous remontons à 1830, et il y a un commencement à tout. Vous datez de Hugues Capet, votre illustre chef; nous datons de Louis-Philippe, *le meilleur des pères et le meilleur des rois*. Veuillez excuser cette dernière prétention qui est toute de style et ne tire pas à conséquence. Nous avons appris au collége qu'un père était toujours le meilleur des pères, et comme le nôtre a été nommé roi par 218 et peut-être bien 219 quidam, sans qualité ni mandat, nous croyons devoir dire qu'il fut aussi le meilleur des rois ; histoire de finir la phrase. Et puis (soit dit sans vous offenser) nous croyons qu'on ne vous aime pas, tandis que nous, tout le monde nous porte dans son cœur... Veuillez-bien peser ces raisons, très honorés parents, toujours dans l'intérêt public, et décidez dans votre haute sagesse si nous pouvons complétement abdiquer des droits aussi évidents et aussi sacrés !...

Généreux et excellents cadets, répliquent les anciens, la souveraine équité a parlé par vos augustes bouches. Vous venez de prouver que nous sommes, vous et nous, d'irréconciliables compétiteurs. Donc, c'est convenu, embrassons-nous et que ça ne finisse pas ; *fusionnons*, mais restons ennemis mortels ; entendons-nous provisoirement sur les moyens de rentrer tous, quitte à nous rebattre ensuite pour savoir lesquels rechasseront les autres, et redonner à nos bien-aimés vassaux, toujours dans l'intérêt public, le spectacle enchanteur de nos sempiternelles discordes !...

Voilà ce que c'est que la fusion. Hommes sensibles, versez toutes vos larmes, et faites éclater les applaudissements de votre enthousiasme ! Quant à nous, notre cœur s'indigne et notre âme s'attriste au récit affligeant de ces combinaisons sans pudeur qui compromettent la dignité de l'exil, excitent le mépris de la France entière et soulèvent le dégoût de tous les gens de bien.

FIN.

Paris. — Imp. Lacour et Cie, rue Soufflot, 16.